Function-Point-Analyse

Dr. **Benjamin Poensgen** ist Geschäftsführer der QuantiMetrics GmbH, Wiesbaden. Nach seinem Physikstudium war er in der Softwareentwicklung und im Marketing bei verschiedenen Softwareherstellern in Deutschland und den USA tätig. 1996 erwarb Dr. Poensgen als einer der ersten deutschsprachigen Function-Point-Experten das Zertifikat als geprüfter Function-Point-Spezialist (CFPS). Seitdem hat er zahlreiche Großunternehmen in der Einführung der Function-Point-Analyse und von Kennzahlensystemen für die Anwendungsentwicklung beraten und die Durchführung von Benchmarking-Analysen verantwortet.

Bertram G. Bock ist Managing Consultant der QuantiMetrics GmbH, Wiesbaden. Nach seinem geisteswissenschaftlichen Studium arbeitete er mehrere Jahre im Qualitätsmanagement und in der Qualitätssicherung, mit den Schwerpunkten Aufwandsschätzung, Kennzahlensysteme und Prozessmanagement. Derzeit leitet er verantwortlich die Einführung der Function-Point-Analyse bei verschiedenen Unternehmen unterschiedlicher Größe und führt Benchmarking-Analysen durch.

Benjamin Poensgen · Bertram Bock

Function-Point-Analyse

Ein Praxishandbuch

Dr. Benjamin Poensgen
poensgen@quantimetrics.de

Bertram Bock
bock@quantimetrics.de

Lektorat: Christa Preisendanz
Copy-Editing: Ursula Zimpfer, Herrenberg
Satz und Herstellung: Verlagsservice Hegele, Dossenheim
Umschlaggestaltung: Helmut Kraus, www.exclam.de
Druck und Bindung: Koninklijke Wöhrmann B.V., Zutphen, Niederlande

Fachliche Beratung und Herausgabe von dpunkt.büchern im Bereich Wirtschaftsinformatik:
Prof. Dr. Heidi Heilmann · Heidi.Heilmann@t-online.de

Bibliografische Information Der Deutschen Bibliothek
Die Deutsche Bibliothek verzeichnet diese Publikation in der Deutschen Nationalbibliografie;
detaillierte bibliografische Daten sind im Internet über <http://dnb.ddb.de> abrufbar.

ISBN 3-89864-332-8

1. Auflage 2005
Copyright © 2005 dpunkt.verlag GmbH
Ringstraße 19
69115 Heidelberg

Die vorliegende Publikation ist urheberrechtlich geschützt. Alle Rechte vorbehalten. Die Verwendung der Texte und Abbildungen, auch auszugsweise, ist ohne die schriftliche Zustimmung des Verlags urheberrechtswidrig und daher strafbar. Dies gilt insbesondere für die Vervielfältigung, Übersetzung oder die Verwendung in elektronischen Systemen.
Es wird darauf hingewiesen, dass die im Buch verwendeten Soft- und Hardware-Bezeichnungen sowie Markennamen und Produktbezeichnungen der jeweiligen Firmen im Allgemeinen warenzeichen-, marken- oder patentrechtlichem Schutz unterliegen.
Alle Angaben und Programme in diesem Buch wurden mit größter Sorgfalt kontrolliert. Weder Autor noch Verlag können jedoch für Schäden haftbar gemacht werden, die in Zusammenhang mit der Verwendung dieses Buches stehen.
5 4 3 2 1 0

Vorwort

Die Function-Point-Analyse (FPA) hat in Deutschland einen schlechten Ruf. Bis heute stößt man regelmäßig auf Artikel in Fachzeitschriften, die ihr kein gutes Zeugnis ausstellen. Zu den am häufigsten genannten Kritikpunkten gehören: Sie funktioniere nur für Dialoganwendungen, nicht aber für Batchprogramme, sie funktioniere nur mit »alten« Programmiersprachen wie Assembler und Cobol, nicht aber mit C oder gar mit objektorientierten Sprachen, und nicht zuletzt, sie sei in der Anwendung zu aufwändig.

Forscht oder fragt man einmal nach, so stellt sich schnell heraus, dass der oder die Autoren vom »Hörensagen« berichten oder aus anderen Quellen »zitieren« und selbst eigentlich kaum oder sogar keine Erfahrung mit der Anwendung der FPA besitzen. Aber auch Fachliteratur und Lehrbücher scheinen weitgehend auf dem Stand der 1980er Jahre stehen geblieben zu sein. Die Beschränkung der Darstellung auf ältere Standards und die ausschließliche Betrachtung der FPA als Aufwandsschätzverfahren entsprechen nicht mehr dem heutigen Stand.

Die Function-Point-Analyse entwickelt sich weltweit, und zunehmend auch im deutschsprachigen Raum, zu einer Standardmessgröße für den fachlichen Funktionsumfang von IT-Anwendungen. Sie wird für Projekt- und Kostenkalkulationen, zur Bewertung von Projektangeboten externer Lieferanten, im IT-Controlling und für Wertanalysen von IT-Anwendungen eingesetzt. Wie jedes Messverfahren erfordert die FPA bei den durchführenden Gutachtern oder »Function-Point-Experten« eine entsprechende Ausbildung und vor allem Erfahrung. Sie ist in der Anwendung aber dann auch nicht aufwändiger als andere Bewertungsverfahren. Es ist also Zeit für ein wirklich aktuelles Buch zur Function-Point-Analyse.

Das Buch richtet sich an alle, die in der Praxis mit der FPA zu tun haben oder zu tun haben werden. Für angehende FP-Experten soll es eine erste theoretische Grundlage bilden. Allen anderen, seien es Projektleiter, IT-Controller, Mitarbeiter im IT-Einkauf, Manager usw., soll es eine erste Einführung sowie eine Referenz für das Verständnis der FPA und ihrer Anwendungen liefern. Für den Leser, der die FPA bereits kennt, mag dieses Buch zur Auffrischung dienen; vielleicht steuert es selbst für einen »alten FP-Hasen« noch den einen oder anderen neuen Aspekt bei. Wir freuen uns natürlich, wenn unser Buch auch in der Ausbildung zum Einsatz kommt, obwohl wir bei der Abfassung bewusst die wissenschaftlichen Aspekte zugunsten der Praxisnähe zurückgestellt haben.

Wir sind beide selbst seit mehreren Jahren als Function-Point-Experten tätig. Benjamin Poensgen hat als einer der ersten deutschsprachigen FP-Experten bereits 1996 das Zertifikat als »Certified Function Point Specialist« (CFPS) erworben. Bertram G. Bock kennt die FPA aus eigener Erfahrung und Anwendung seit 1999. Jeder von uns hat in den vergangenen Jahren mehrere hundert Function-Point-Analysen für Projekte und Anwendungen in verschiedenen Unternehmen und Branchen durchgeführt. Gemeinsam mit unseren Kollegen der QuantiMetrics GmbH, Wiesbaden, haben wir ein Trainingsprogramm für angehende FP-Experten entwickelt und in den vergangenen drei Jahren mehrere hundert Mitarbeiter von Banken, Versicherungen und Großunternehmen aus den Logistik- und Telekombranchen geschult.

Unsere Erfahrungen wollen wir mit diesem Buch weitergeben. Dabei haben uns ganz wesentlich unsere Kollegen aus der QuantiMetrics GmbH unterstützt und eigene Erfahrungen eingebracht. Für ihre kritischen Anmerkungen, Hinweise, Korrekturen, inhaltlichen Beiträge und Formulierungshilfen danken wir vor allem Brigitte Hansen, Eva M. Schielein, Daniel Hoffmann und Engin Sirma. Nicht zuletzt danken wir Frau Prof. Dr. Heidi Heilmann, die dieses Buch seitens des Verlages fachlich betreut hat, für die intensive Auseinandersetzung mit unserem Manuskript und die zahlreichen kritischen und konstruktiven Hinweise.

Wiesbaden, im August 2005 *Benjamin Poensgen, Bertram G. Bock*

Inhalt

1	**Einleitung**	1
2	**Einführung in die Function-Point-Analyse (FPA)**	5
2.1	Anwendungsgebiete von A bis Z	6
2.2	Wie alles anfing	8
2.3	Was misst die FPA?	10
2.4	Elementarprozesse und Datenbestände	11
2.5	Woher kommt der Name »Function Points«?	12
2.6	Der funktionale Baum	12
2.7	Bewertung von IT-Systemen	13
2.8	Bewertung von IT-Projekten	14
2.9	FPA im Projektzyklus	15
	2.9.1 Anforderungsanalyse und -beschreibung	15
	2.9.2 Aufwandsschätzung	16
	2.9.3 Auftragsvergabe	17
	2.9.4 Controlling	18
	2.9.5 Benchmarking	18
3	**Das Regelwerk**	23
3.1	Übersicht	24
	3.1.1 Die Zielsetzung einer Analyse	25
	3.1.2 Abgrenzung der Analyse	26
	3.1.3 Analyse und Bewertung	27
3.2	Typ und Zweck der Analyse	29
3.3	Anwendersicht	31
3.4	Abgrenzung	33
	3.4.1 Zweck der Zählung	33
	3.4.2 Umfang der Analyse	34
	3.4.3 Anwendungsgrenze	35
3.5	Das Prinzip des Elementarprozesses	38
3.6	Datenbestände	40
	3.6.1 Interne Datenbestände	41
	3.6.2 Referenzdatenbestände	42

3.7	Die Elementarprozesse	43
	3.7.1 Eingaben	44
	3.7.2 Ausgaben	46
	3.7.3 Abfragen	48
	3.7.4 Zählregeln	49
3.8	Komplexitätsregeln	50
	3.8.1 Komplexität der Elementarprozesse	51
	3.8.2 Komplexität der Datenbestände	54
3.9	Wertfaktor	56
	3.9.1 Datenkommunikation	58
	3.9.2 Verteilte Verarbeitung	59
	3.9.3 Leistungsanforderungen	60
	3.9.4 Ressourcennutzung	61
	3.9.5 Transaktionsrate	62
	3.9.6 Online-Benutzerschnittstelle	62
	3.9.7 Anwenderfreundlichkeit	63
	3.9.8 Onlineverarbeitung	64
	3.9.9 Komplexe Verarbeitung	65
	3.9.10 Wiederverwendbarkeit	66
	3.9.11 Migrations- und Installationshilfen	66
	3.9.12 Betriebshilfen	67
	3.9.13 Mehrfachinstallationen	67
	3.9.14 Änderungsfreundlichkeit	68
3.10	Basis- oder Projektanalyse	68
3.11	Vorgehen bei einer Releaseanalyse	69
	3.11.1 Neue Funktionen und Datenbestände	70
	3.11.2 Geänderte Funktionen und Datenbestände	70
	3.11.3 Gelöschte Funktionen und Datenbestände	71
	3.11.4 Berechnung des FP-Werts	71
4	**Beispiel: Outlook-Adressbuch**	**75**
4.1	Analysetyp und -zweck	75
4.2	Abgrenzung	75
4.3	Funktionen und Datenbestände	77
	4.3.1 Aufruf	77
	4.3.2 Neuer Kontakt	77
	4.3.3 Datenbestand: Kontakte	80
	4.3.4 Übersicht Kontakte	82
	4.3.5 Versteckte Funktionen	84
	4.3.6 Exkurs: Listboxen	89
	4.3.7 Einzelner Kontakt anzeigen	90
	4.3.8 Kontakt ändern und löschen	91
	4.3.9 Suchen	93
	4.3.10 Druckausgaben	94
	4.3.11 Zwischenbilanz	96
	4.3.12 Weitere Funktionen	97

5 Tipps für die Zählpraxis — 101

- 5.1 Näherungsverfahren und FP-Prognosen — 101
  - 5.1.1 Ausgabe oder Abfrage? — 102
  - 5.1.2 Komplexitätsbewertung — 103
  - 5.1.3 Unternehmensweiten VAF bestimmen — 103
  - 5.1.4 Vereinfachung der FP-Berechnungsformeln — 105
  - 5.1.5 FP-Prognosen für Projektanforderungen — 105
  - 5.1.6 Hochrechnungen — 107
  - 5.1.7 Backfiring — 108
- 5.2 Standardsituationen — 109
  - 5.2.1 Listboxen oder Auswahllisten — 109
  - 5.2.2 Systemschnittstellen — 110
  - 5.2.3 Referenzdaten oder Eingabe? — 111
  - 5.2.4 Hilfe- und Fehlermeldungen — 112
- 5.3 Data-Warehouse-Systeme (DWH) — 112
- 5.4 Intranet-/Internetanwendungen — 114
- 5.5 Standardsoftware — 115
- 5.6 Technische Systeme und Infrastruktursysteme — 117
- 5.7 Zertifizierung als CFPS — 118

6 Vorgehen — 121

- 6.1 Welche Vorgehensalternativen gibt es? — 121
- 6.2 Durchführung eines Interviews — 122
- 6.3 FPA in der Anforderungsanalyse — 126
- 6.4 Dokumentationen der Analyse — 127
  - 6.4.1 Dokumentation des Analyseumfeldes — 127
  - 6.4.2 Dokumentation der Analyse — 128

7 Aufwandsschätzung — 133

- 7.1 Kosten- und Aufwandstreiber — 134
- 7.2 Messung von Kosten und Aufwand — 135
- 7.3 Erfahrungsbasierte Prognose — 136
- 7.4 COCOMO — 139
  - 7.4.1 Ermittlung der Kostenfaktoren — 140
  - 7.4.2 Ermittlung der Skalenfaktoren — 142
  - 7.4.3 Der Gearingfaktor — 143
  - 7.4.4 Schätzgenauigkeit im COCOMO — 145
- 7.5 Andere Schätzmodelle — 145
  - 7.5.1 KnowledgePLAN® — 146
  - 7.5.2 SLIM-Estimate™ — 146
  - 7.5.3 Auswahl und Nutzen von Schätztools — 148
- 7.6 Prognose und Vorgehensmodell — 149
- 7.7 Prognose und Planung — 150

8 Varianten zur FPA — 153

- 8.1 Funktionale und konstruktive Metriken 153
- 8.2 FPA-ähnliche Verfahren 154
  - 8.2.1 COSMIC Full Function Point 154
  - 8.2.2 NESMA FP für Weiterentwicklungsprojekte 155
- 8.3 Unternehmensspezifische Metriken 156

Glossar der englischen Fachbegriffe — 159

Abkürzungsverzeichnis — 163

Literaturverzeichnis — 165

Index — 167

1 Einleitung

Wohl jedem, der sich mit der Entwicklung von Software oder IT-Anwendungen beschäftigt, sind Function Points (FPs) in der einen oder anderen Form schon begegnet. Im Informatik-Studium oder der Fachliteratur häufig als »Funktionspunkteverfahren« oder »FP-Methodik« bezeichnet, wird das Verfahren dort in der Regel als eines von mehreren Aufwandsschätzverfahren dargestellt.

Dabei leistet die Function-Point-Analyse (FPA) wesentlich mehr: Als Größenmaß für den fachlich-funktionalen Leistungsumfang eines IT-Systems ist sie zentrales Element sowohl für jegliche Art von Bewertungen von Softwareentwicklungsprojekten als auch von Bewertungen der Software selbst. Nicht zuletzt unterstreicht die Aufnahme der FPA in den Katalog der ISO-Standards (ISO 20926) die Wichtigkeit eines solchen Messverfahrens.

Deshalb müssen heute aber auch weitere Berufsgruppen und Aufgabenbereiche innerhalb der Unternehmen dieses Bewertungsverfahren kennen und zum Teil auch selbst anwenden können. Hier seien neben den Softwareentwicklern, die die FPA für ihre Aufwandsschätzungen verwenden, noch folgende Gruppen genannt:

- Fachexperten aus den Fachbereichen der Unternehmen nutzen die FPA zur Beschreibung und Messung der fachlichen Anforderungen. Noch bevor die Softwareentwicklung konkrete Projektaufwandsschätzungen erstellt, können die Fachbereiche so erste Kalkulationen und Grobabschätzungen für ihre Mittel- und Langfristplanung durchführen.
- Für das IT-Controlling liefert die FPA die wesentliche Bezugsgröße für die Einschätzung der Leistung der Softwareentwicklungsbereiche und -lieferanten.
- Dem IT-Einkauf hilft die FPA bei der Bewertung von Projekt- und Outsourcing-Angeboten. Diese können mit Function Points gegen Marktstandards verglichen werden.
- Dem Management von IT-Bereichen schließlich dient das Bewertungsverfahren zur Steuerung und zur Prozessverbesserung. Mit Function Points können die Effizienz von Softwareentwicklung und -wartung gemessen und konkrete Ziele definiert werden.

Die Zielsetzung diese Buches ist es, allen, die mit der Planung und Bewertung von IT-Anwendungen zu tun haben, also nicht nur Softwareentwicklern und -architekten, sondern auch Mitarbeitern der Fachbereiche und aus dem IT-Controlling sowie Managern, eine Einführung und Übersicht über die FPA zu liefern.

Wer die FPA bereits kennt, wird in diesem Buch zumindest neue Aspekte finden. In der bisherigen angelsächsischen und auch deutschen Literatur zur FPA, aber auch in vielen Standardwerken zu Methoden in der Softwareentwicklung wird sie in der Anwendung recht einseitig als Aufwandsschätzverfahren behandelt. Dadurch aber wird die fundamentale Bedeutung der FPA in der Softwareentwicklung ebenso wie ihre viel breiteren Anwendungsgebiete vollständig übersehen. Wir sind dagegen der Ansicht, dass bei richtigem Verständnis der FPA ihre verschiedenen Anwendungsgebiete unmittelbar ersichtlich werden.

Wie bei vielen anderen Verfahren auch, ist die Kenntnis der Regeln eine Sache, eine effiziente Anwendung und Umsetzung eine andere. Erstere kann durch Literaturstudium oder den Besuch von Seminaren erlangt werden, Letzteres erfordert eigene praktische Erfahrungen und Übung. Unser Anspruch ist es deshalb, eine allgemein verständliche, anwendungsorientierte Einführung in die FPA zu geben und praktisch tätigen FP-Experten die notwendigen theoretischen Grundlagen zu vermitteln. Gleichzeitig mag dieses Buch Anwendern und FP-Experten als Nachschlagewerk in der täglichen Arbeit dienen.

Ein wichtiges Leitziel bei der Abfassung dieses Buches war für uns der Praxisbezug. Mit der Anwendung der FPA haben wir selbst jeden Tag zu tun. Aber nicht nur unsere persönliche Erfahrung aus der Durchführung zahlreicher Function-Point-Analysen, sondern auch die unserer Kollegen von QuantiMetrics[1] sind in dieses Buch eingeflossen. Wir wenden in unserer Arbeit die FPA in der Aufwandsschätzung, im Benchmarking bis hin zur Angebotsbewertung an. Unsere Kunden kommen aus allen Branchen: Banken, Versicherungen, Logistik- und Telekomunternehmen, IT-Dienstleister usw.

Unser Ansatz zur Anwendung der FPA, und damit auch zu diesem Buch, beruht dabei auf drei Maximen:

- Wir verstehen FPs als Bewertungsmaß, nicht als »Methode«. Als Bewertungsmaß werden FPs innerhalb verschiedener Methoden z. B. der Aufwandsschätzung oder des Benchmarkings verwendet.
- Die kaufmännische Sicht steht für uns im Vordergrund der Durchführung von Function-Point-Analysen. Richtig angewendet, hilft die FPA die Frage zu beantworten, was eine IT-Anwendung oder ein IT-Projekt zur Unterstützung der Geschäftsprozesse leistet.

---

1. www.quantimetrics.de

1 Einleitung

■ Die Praxistauglichkeit der Umsetzung: Wie lassen sich Function-Point-Analysen mit vertretbarem Aufwand, aber hinreichend guten Ergebnissen hinsichtlich Nachvollziehbarkeit und Vergleichbarkeit durchführen?

Diesen Prinzipien werden Sie im gesamten Verlauf unseres Buches immer wieder begegnen. Zunächst gibt Kapitel 2 eine Übersicht über Hintergründe, Anwendungsgebiete und Grundprinzipien des Verfahrens. Es ist als Einführung für jeden Leser interessant.

Kapitel 3 beschreibt dann ausführlich die Regeln für die Messung von Function Points und die Durchführung einer FPA. Diese sind im *Counting Practices Manual* (CPM) der IFPUG[2] sowie im entsprechenden ISO-Dokument[3] festgelegt. Sie sollten deshalb in Zweifelsfällen immer als »letzte Instanz« zu Rate gezogen werden. Die in diesem Buch gewählte Darstellung von Regeln und Beispielen folgt dem Anspruch, den ISO- bzw. IFPUG-Standard vollständig abzubilden.

Das Kapitel 4 erläutert die Anwendung der Regeln des CPM am Beispiel des Outlook-Adressbuches, wie es in den gängigen Versionen des Microsoft-Windows-Betriebssystems ausgeliefert wird. Aufgrund der hohen Verbreitung dieser Anwendung sollte dieses Beispiel für praktisch jeden Leser aus eigener Erfahrung nachvollziehbar sein.

Praktische Tipps für die Durchführung einer FPA und die Anwendung der Regeln des CPM sind im Kapitel 5 ausführlich beschrieben. Insbesondere dieses Kapitel basiert auf unseren praktischen Erfahrungen in der jahrelangen Durchführung von Function-Point-Analysen und der Ausbildung zahlreicher FP-Experten.

Kapitel 6 beschreibt das praktische Vorgehen bei der Durchführung von Function-Point-Analysen im betrieblichen Alltag. Hierzu gehört z. B. die Interviewtechnik für die Sammlung der notwendigen Informationen. In diesem Kapitel werden auch die Anforderungen an die Form der Dokumentation der Analyseergebnisse beschrieben.

Kapitel 7 schließlich zeigt die Verwendung von Function-Point-Werten in verschiedenen Aufwandsschätzverfahren für Softwareprojekte auf. Noch einmal: Die FPA ist kein Verfahren der Aufwandsschätzung, sondern ein Größenmaß zur Beschreibung des funktionalen Umfangs von IT-Anwendungen. Als solche ist sie eine wesentliche Basisgröße für Aufwands- und Kostenprognosen von Softwareprojekten, und es ist wichtig zu verstehen, wie sie in den verschiedenen Modellen verwendet wird. Die detaillierte Vorstellung der Aufwandsschätzverfahren muss aber einem anderen Buch vorbehalten bleiben.

Kapitel 8 gibt eine kurze Sicht auf weitere Verfahren, die im engeren oder weiteren Sinne als Alternativen zur FPA betrachtet werden.

---

2. [IFPUG 2004]
3. [ISO 2003]

Wer sich tiefer in das Thema FPA einarbeiten möchte, wird sicherlich alle Kapitel des Buches, idealerweise in der gegebenen Reihenfolge, lesen wollen. Für denjenigen Leser, der nur an einer Einführung und einem Überblick über das Verfahren interessiert ist, mag dagegen die Lektüre des Kapitels 2 und vielleicht des Kapitels 3 genügen.

2 Einführung in die Function-Point-Analyse (FPA)

Ursprünglich einmal »nur« zur Verbesserung der Aufwandsschätzung von Softwareprojekten gedacht, findet die Function-Point-Analyse (FPA) heute Anwendung im gesamten Lebenszyklus von Software. Sie wird in Projektplanung und -management eingesetzt, aber auch im Controlling und in der kaufmännischen Bewertung von IT-Projekten und -Anwendungen. Dieses Kapitel gibt eine Übersicht über Grundprinzipien und Anwendung der Function-Point-Analyse.

Um den fachlichen Funktionsumfang einer IT-Anwendung quantitativ bestimmen zu können, zerlegt die Function-Point-Analyse diese in ihre Elementarfunktionen oder, wie es dort heißt, Elementarprozesse (*elementary processes*). Dabei kommen drei wesentliche Prinzipien zur Anwendung:

- *Anwendersicht*: Die Bewertung erfolgt aus der Sicht der Anwender eines Systems. Allgemeiner könnte man auch sagen, aus Sicht der Geschäftsprozesse. Der Begriff »Anwender« ist in der FPA nicht auf menschliche Bediener eines Systems beschränkt, sondern umfasst auch andere Systeme, die mit dem betrachteten System interagieren.
- *Atomarität*: Ein Elementarprozess ist die aus Anwendersicht kleinste sinnvolle und in sich abgeschlossene Aktivität, die mit dem System durchführbar ist.
- *Einmaligkeit*: Jeder Elementarprozess wird nur einmal gewertet, unabhängig davon, an wie vielen Stellen oder wie häufig er innerhalb der Anwendung genutzt wird. Dazu gibt es eine Reihe von Kriterien, die die Unterscheidung »ähnlicher« Elementarprozesse erlauben. Das wichtigste Kriterium ist ein Unterschied in der Verarbeitungslogik. An der Oberfläche ähnliche Elementarprozesse, die z. B. eine gemeinsame Bildschirmmaske verwenden, werden so durchaus unterscheidbar.

Die Anwendung dieser drei Prinzipien stellt die wesentlichen Merkmale der Function-Point-Analyse sicher: Eindeutigkeit und Nachvollziehbarkeit.

Die Function-Point-Analyse erlaubt aber nicht nur die Bewertung einer IT-Anwendung, sondern auch der Projekte, die zu deren Entstehung und Erweiterung führen. Im letzten Abschnitt dieses Kapitels beschreiben wir deshalb den Einsatz der FPA im Lebenszyklus von Softwareprojekten.

2.1 Anwendungsgebiete von A bis Z

Die Anwendungsgebiete der FPA reichen von A wie Aufwandsschätzung bis Z wie Zieldefinitionen.

Heute versteht man Function Points über die Aufwandsschätzung hinaus als generelles Maß für die fachlich-funktionale Größe eines Softwareprogramms. Die Einsatzgebiete für diese Messgröße sind damit z. B.

- die Bewertung von Projektangeboten externer Lieferanten,
- Wertbestimmung bestehender Softwareprogramme,
- Kosten- und Risikoabschätzungen von IT-Vorhaben,
- Projektcontrolling und
- Benchmarking von Projekten.

Die Herausforderung in der Aufwandsschätzung besteht darin, den Aufwand für ein Projekt möglichst früh sicher vorhersagen zu können. Möglichst früh, das heißt: Die fachlichen Anforderungen sind bekannt, mehr oder weniger detailliert, aber nicht die Art und Weise der technischen Umsetzung.

Diese Aufgabenstellung ähnelt also in etwa der, die Baukosten für ein Einfamilienhaus abzuschätzen, wobei bekannt ist, welche Familie in dem Haus wohnen soll, wie viele Erwachsene und Kinder und welche Ansprüche diese haben. Wie kann man die Baukosten vernünftig abschätzen, ohne dass schon ein detaillierter Bauplan vorliegt? Die Lösung liegt in einer Herangehensweise in zwei Schritten:

1. Wie viele Quadratmeter Wohnfläche braucht die Familie?
2. Wie viel kostet ein Quadratmeter Wohnfläche der geforderten Ausstattung und Lage?

Übertragen auf die Aufwandsschätzung eines Softwareprojekts heißt dies: Wie viele Function Points stecken hinter den fachlichen Anforderungen? Was kostet die Entwicklung eines Function Points in der geforderten Qualität und Performance?

Doch hat man erst einmal ein funktionales Leistungsmaß für die Aufwandsschätzung definiert, so liegt es natürlich nahe, auch das Ergebnis des Softwareprojekts, also das fertige Softwaresystem, mit diesem Maß zu bewerten. Damit eröffnet sich für die Function-Point-Analyse noch eine Reihe weiterer Anwendungsmöglichkeiten.

Die gelieferte Leistung eines Projekts lässt sich über Function Points definieren. Damit hat die Function-Point-Analyse im IT-Projektcontrolling eine besondere Bedeutung. Sie ist die Bezugsgröße bzw. das Leistungsmaß, das in Relation zu verbrauchten Ressourcen – Aufwand, Kosten und Zeit – gesetzt wird.

2.1 Anwendungsgebiete von A bis Z

Ein zentrales Element strategischer Steuerung ist das Benchmarking. Der Begriff Benchmarking, abgeleitet aus dem englischen *benchmark* mit der Bedeutung »Referenzpunkt«, geht auf Robert C. Camp[4] zurück. Er hat Benchmarking als Managementverfahren begründet. Kurz gefasst, lässt sich dies mit dem Satz »Lernen durch Vergleichen« beschreiben. Durch den Vergleich der eigenen Leistungsfähigkeit mit der anderer Unternehmen sollen Organisationen Verbesserungspotenziale und »*Best Practices*« erkennen. Vergleichen kann man nur, wenn man über ein gemeinsames Maß verfügt: Für Softwaresysteme und -projekte liefert dies die Function-Point-Analyse.

Ein weiteres Anwendungsgebiet liegt in Ausschreibungen und in der Auftragsvergabe von Softwareprojekten. Das klassische Vorgehen kennt zwei Alternativen: Entweder sind die funktionalen Anforderungen (auch als Pflichtenheft bezeichnet) genau bekannt und bilden damit die Ausschreibungsgrundlage oder die Erfassung und Beschreibung der funktionalen Anforderungen sind Teil des Projekts selbst.

Im ersteren Fall besteht der Nachteil darin, dass die Erstellung eines Pflichtenhefts selbst schon erheblichen Aufwand und Kosten erfordert – und spezifisches IT-Know-how, das vielleicht gerade beim Auftraggeber gar nicht vorhanden ist. Im letzteren Fall bereitet die Vergleichbarkeit der Angebote das Problem: Denn jeder Anbieter wird potenziell zu einem eigenen Pflichtenheft kommen. Ein direkter Vergleich ist damit unmöglich.

Die Verwendung von Function Points ist hier eine neue, dritte Alternative: Ein Preis in »Euro pro Function Point« ist aus Sicht der Einkäufer eine kalkulierbare Größe. Ein schöner Nebeneffekt ist dabei, dass Auftraggeber und Auftragnehmer schon zusammenkommen können, bevor die Anforderungen im Detail hundertprozentig feststehen. Function Points werden in diesem Kontext – der Vergabe von Softwareentwicklungsleistungen – also als Vergütungsbasis verwendet.

Auch ein »fertiges« Softwaresystem, eine IT-Anwendung, lässt sich mit Function Points bewerten. Dieser Wert wird z. B. für den Vergleich von Wartungs- und Betriebskosten und -aufwand verwendet. Der Function-Point-Wert spielt auch eine wichtige Rolle im Portfoliomanagement und bei Due-Diligence-Untersuchungen, also dort, wo es darauf ankommt, den betriebswirtschaftlichen Wert eines IT-Systems zu bestimmen[5].

---

4. [Camp 1994]
5. Gelegentlich wird der Nutzen eines IT-Systems mit seinem Wert gleichgesetzt. Dies ist jedoch methodisch fragwürdig. Der Nutzen oder auch Nutzwert ist eine subjektive Größe, die die Tauglichkeit eines Vorhabens bestimmt (vgl. [Stickel et al. 1997], S. 488). Für eine unternehmensübergreifende Bewertung ist dagegen eher auf den Substanzwert eines Systems abzustellen (vgl. [Wöhe 1990], S. 800). Falsch ist eine Gleichsetzung des Substanzwerts sowohl mit den Projektkosten als auch mit dem Nutzwert.

2.2 Wie alles anfing

»Am Anfang war die IBM-Kurve ...«, so könnte dieses Kapitel beginnen. Welcher Informatiker kennt sie nicht: 1985 publizierte IBM[6] auch in Deutschland die als »IBM-Kurve« bekannte Grafik, die für 54 Projekte den Zusammenhang von Aufwand und Function Points darstellte.

Bereits einige Jahre vorher hatte der IBM-Softwareexperte Allan J. Albrecht begonnen, das Problem der Aufwandsschätzung für Softwareprojekte zu lösen: Wie kann ich den Aufwand vorhersagen, wenn ich zwar weiß, was die Software am Ende leisten soll, aber noch nicht sagen kann, wie der Weg dorthin aussieht?

Folgerichtig erkannte Albrecht, dass nur eine Kennzahl, die die »Leistung« der Software quantitativ beschreiben kann, dieses Problem lösen würde. Aber wie müsste solch eine Kennzahl definiert sein? Wie ließe sie sich ermitteln?

Die Antwort lag in einem, aus Albrechts Sicht, grundsätzlichen Perspektivenwechsel: Er betrachtete ein Softwaresystem nicht mehr aus Sicht des Programmierers (der vor allem die einzelnen Bausteine – sprich: Programmieranweisungen – sieht), sondern aus der Sicht des Anwenders (der die Software nutzt und also ganz unmittelbar ihre Leistung erfährt).

Die Wahrnehmung der Methodik bei den Anwendern folgte dann der für alle neuen Technologien bekannten »Hype-Kurve« (vgl. Abb. 2–1). Die Veröffentlichung der IBM-Kurve hatte die Erwartung geweckt, nun endlich über ein einfaches und gleichzeitig zuverlässiges Verfahren zur Aufwandsschätzung zu verfügen. Anfang der 90er Jahre gab es deshalb in fast allen deutschen Großunternehmen den Versuch, das Verfahren zur Aufwandsschätzung einzusetzen. Rückblickend lässt sich eine Reihe von Gründen finden, warum die meisten dieser Versuche zum Scheitern verurteilt waren:

Da ist zunächst die Unerfahrenheit der Anwender mit der Methodik zu nennen. Die sichere und effiziente Durchführung einer Function-Point-Analyse erfordert eine gründliche Ausbildung und praktische Erfahrung. Über beides verfügten die »Pioniere« nicht. Aus dieser Zeit stammt deshalb der irrige Glaube, die Function-Point-Analyse sei aufwändig und liefere keine belastbaren Ergebnisse.

Auf der anderen Seite waren die Erwartungen an die Ergebnisse des Verfahrens unrealistisch hoch gesetzt. Heute wissen wir, dass eines der zentralen Probleme der frühen Projektaufwandsschätzung vor allem in einer lückenhaften oder unklaren Definition der fachlichen Anforderungen liegt. Dieses Problem kann aber auch mit der Function-Point-Analyse nicht gelöst werden.

Aber selbst da, wo die Anforderungen vollständig mit Function Points beschrieben waren, fehlten die für eine Aufwandsschätzung notwendigen differenzierten Erfahrungsdaten. Die in der historischen IBM-Erfahrungskurve ver-

---

6. [IBM 1985]

2.2 Wie alles anfing

öffentlichten Function-Point-Aufwandsrelationen erwiesen sich für die meisten Unternehmen als unzutreffend.

Kein Wunder also, dass die ersten Anwender sich zunächst enttäuscht wieder von dem Verfahren abwandten.

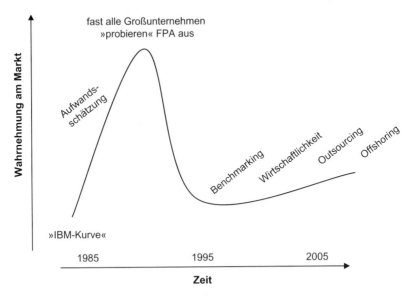

Abb. 2–1 *Hype-Kurve der Function-Point-Analyse*

Ab etwa Mitte der 90er Jahre gewann ein ganz anderes Motiv für die Verwendung von Function Points an Bedeutung. Bislang hatte man Leistungsvergleiche für Softwareprojekte, auch als Benchmarking bezeichnet, in erster Linie am Umfang des im Projekt erzeugten Quellcodes festgemacht. Das funktionierte so lange sehr gut, wie alle Vergleichsprojekte und -unternehmen mit der gleichen Programmiersprache oder zumindest einer Programmiersprache der gleichen Generation (wie z. B. Cobol und PL/I) arbeiteten. Mit der Verbreitung moderner Sprachen der 4. Generation und leistungsfähiger Werkzeuge und Codegeneratoren verloren Benchmarks auf der Grundlage des Quellcodeumfangs ihre Aussagekraft. So wurden Function Points als über verschiedene Programmiersprachen und Technologien hinweg vergleichbares Leistungsmaß für Softwareprojekte entdeckt.

Heute beobachten wir ein stetiges Wachstum der Bedeutung der Function-Point-Analyse. Im Zuge von Wirtschaftlichkeitsbetrachtungen wird der Function-Point-Wert von Projekten und IT-Anwendungen deren Kosten gegenübergestellt. Im Outsourcing und Offshoring werden die Angebote und Leistungen der Dienstleister mit Function Points bewertet.

Die Aufwandsschätzung ist also heute nur ein Anwendungsgebiet der FPA unter vielen. Die Motive und Triebkräfte für ihren Einsatz kommen heute eher aus kaufmännischen und Controlling-Bereichen.

2.3 Was misst die FPA?

Wenn wir über IT-Systeme sprechen, dann meinen wir in erster Linie solche Systeme, die im betrieblichen Ablauf die Durchführung von Geschäftsprozessen unterstützen. Das kann z. B. die Anlage eines Versicherungsvertrags bei einer Versicherung sein, aber auch der Check-in bei einer Fluglinie.

Ein IT-System unterstützt also die Durchführung eines Geschäftsprozesses. Ist die Durchführung mehr oder weniger vollständig durch das IT-System unterstützt, sagt man auch: Das IT-System bildet den Geschäftsprozess ab. Das heißt, der Geschäftsprozess und das IT-System werden letzten Endes gleichgesetzt. Heute kennen wir in vielen Branchen Geschäftsprozesse, die ohne entsprechende IT-Anwendungen gar nicht mehr existieren könnten.

Die Funktionalität eines IT-Systems lässt sich also daran messen, welcher Anteil eines Geschäftsprozesses unterstützt wird. Beispiel Versicherung: Erfolgt die Berechnung der Prämie bei der Annahme des Versicherungsvertrags automatisch oder manuell? Zudem macht es einen Unterschied, wie »umfangreich« ein Geschäftsprozess ist. Beispiel Check-in: Kann ein einmal zugewiesener Sitzplatz geändert werden? Oder muss die Bordkarte storniert und der Check-in wiederholt werden?

Um diese Unterschiede messbar zu machen, macht die Function-Point-Analyse sozusagen eine Anleihe bei der Geschäftsprozessanalyse: Ein Geschäftsprozess ist definiert als die strukturierte Anordnung einzelner Aktivitäten. Damit lässt sich die »Größe« eines Geschäftsprozesses an der Anzahl und Komplexität der ihn definierenden Aktivitäten festmachen und die funktionale Größe eines IT-Systems entsprechend an der Anzahl und Komplexität der abgebildeten Aktivitäten.

In der Function-Point-Analyse werden Aktivitäten »Elementarprozesse« genannt. Die funktionale Größe eines IT-Systems in Function Points ergibt sich also aus der Anzahl der Elementarprozesse. Diese werden allerdings jeweils einzeln zuvor noch mit einem Punktwert, den *function points* gewichtet.

Man sieht also schon: Die FPA misst nicht eine Anwendung »an sich«, sondern deren fachlichen Funktionsumfang, also die Leistung zur Unterstützung der Geschäftsprozesse. Diese Perspektive aus der Sicht der Geschäftsprozesse bezeichnet man auch als das Prinzip der *Anwendersicht*. Es ist eines der zentralen Prinzipien des Verfahrens, und seine strenge Forderung unterscheidet die FPA von den meisten anderen funktionalen Softwaremetriken.

2.4 Elementarprozesse und Datenbestände

Ein Elementarprozess ist die kleinste, aus fachlicher Sicht sinnvolle, in sich abgeschlossene Aktivität, die mit einem IT-System durchgeführt werden kann. Dieses Prinzip kann auch als *Atomaritätsprinzip* bezeichnet werden.

Ein Elementarprozess kann z. B. sein:

- die Erfassung einer Kundenadresse,
- der Ausdruck einer Rechnung,
- die Berechnung eines Tarifs,
- die Übermittlung von Abrechnungsdaten an ein Ex-/Inkassosystem,
- die Anzeige eines Kontostands usw.

Die Funktionen eines IT-Systems werden also in die kleinsten sinnvollen, in sich abgeschlossenen Einheiten zerlegt. Sinnvoll orientiert sich dabei am Standpunkt des Benutzers, also letztlich am Geschäftsprozess und nicht am Systemdesign.

Erfolgt z. B. die Erfassung einer Kundenadresse in einem System über zwei Masken (in der ersten Maske die Postadresse, in der zweiten Maske Zusatzinformationen wie Telefon usw.), so wird dies in der Regel aus Sicht des Benutzers nur einen Elementarprozess darstellen.

Aber auch der umgekehrte Fall ist denkbar: Auf einer Maske werden schon erfasste Kundendaten angezeigt und gleichzeitig kann dort eine weitere Adresse eingegeben werden. Aus Sicht des Benutzers handelt es sich um zwei Elementarprozesse: die Anzeige der gespeicherten Kundendaten und die Erfassung einer Adresse.

Das zweite wesentliche Kriterium für die Identifikation eines Elementarprozesses ist seine »Einmaligkeit«. Ein Elementarprozess gilt dann als einmalig, wenn er durch die ein- oder ausgegebenen Daten oder durch die Verarbeitungslogik unterscheidbar ist. Dieses Kriterium wird auch als *Einmaligkeitsprinzip* bezeichnet.

Im Regelfall ist die Unterscheidbarkeit eines Elementarprozesses aufgrund der eingegebenen oder ausgegebenen Daten offensichtlich. Schwieriger kann es werden, wenn verschiedene Berechnungsalgorithmen verwendet werden. Ein Beispiel wäre etwa die Berechnung eines Beitrags einer Versicherung, die, abhängig von einem Stichtag für den Vertragsabschluss, nach verschiedenen Algorithmen durchgeführt wird. Das Atomaritätsprinzip kommt analog auch bei der Bewertung der Datenbestände zur Anwendung. Ein Datenbestand ist dabei als eine für den Benutzer erkennbare logische Gruppe von Daten definiert. Wie bei den Elementarprozessen steht dabei wieder die Sicht des Benutzers bzw. Geschäftsprozesses im Vordergrund.

Für den gesamten Function-Point-Wert eines Systems spielen die Datenbestände eine nur geringe Rolle. Sie tragen zum gesamten Function-Point-Wert eines IT-Systems in der Regel zwischen etwa 10 % und 20 % bei. Aus diesem

Grund liegt der Fokus bei einer Function-Point-Analyse immer auf den Elementarprozessen.

2.5 Woher kommt der Name »Function Points«?

Zu Albrechts Zeiten diente die »Informationstechnologie« vor allem der Speicherung und Verwaltung von Daten, was ja auch in der deutschsprachigen Bezeichnung »Elektronische Datenverarbeitung« zum Ausdruck kommt. So lag es nahe, den Leistungsumfang eines IT-Systems an der Anzahl und der Komplexität der verwalteten Daten und der Anzahl der Möglichkeiten, diese Daten in das System einzugeben und von ihm wieder ausgegeben zu bekommen, zu messen. Die Grundkonstrukte der Function-Point-Analyse waren also nach Albrecht bereits »Datenbestände«, »Eingaben« und »Ausgaben«.

In der Albrecht'schen Terminologie wird der Begriff *function* dabei sowohl im Zusammenhang mit den Ein- und Ausgaben (*transactional functions*) als auch für die Datenbestände (*data functions*) verwendet. Der Begriff hat also nichts mit der »Funktion« im Sinne eines Unterprogramms zu tun und auch nichts mit dem Begriff »funktional«. Aus heutiger Sicht müssen wir diese Bezeichnung wohl einfach als historisch gewachsen hinnehmen, auch wenn wir über die dadurch manchmal ausgelösten Missverständnisse nicht glücklich sind.

2.6 Der funktionale Baum

Obwohl dieses Vorgehen in der Function-Point-Analyse nicht vorgeschrieben wird, erfolgt in der Praxis die Identifikation der Elementarprozesse häufig über eine funktionale Dekomposition, deren Ergebnis als Grafik eines funktionalen Baums (kurz auch Funktionsbaum) dargestellt wird. Die Blätter dieses Baums repräsentieren die Elementarprozesse (vgl. Abb. 2–2).

Das Vorgehen einer funktionalen Dekomposition liefert in seiner Konsequenz zwangsläufig die Elementarprozesse, wobei auf die richtige Anwendung des Atomaritätsprinzips als »Abbruchkriterium« für die Zerlegung geachtet werden muss.

Die Funktionsbaum-Darstellung hat darüber hinaus einen wichtigen Vorteil: Sie erlaubt eine auch für einen »ungeübten« Betrachter übersichtliche und nachvollziehbare Auflistung der identifizierten Elementarprozesse.

Diese Darstellung wird deshalb auch von verschiedenen Werkzeugen zur Dokumentation von Function-Point-Analysen, wie z. B. der Function Point WORKBENCH™, unterstützt.

Bei all seinen Beschränkungen ist der im Zuge einer Function-Point-Analyse erstellte funktionale Baum häufig die erste strukturierte Dokumentation fachlicher Anforderungen und hat allein deshalb wesentliche Bedeutung.

2.7 Bewertung von IT-Systemen

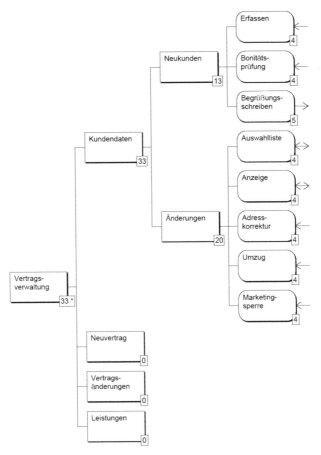

Abb. 2–2 *Beispiel für einen funktionalen Baum (erzeugt mit der Function Point WORKBENCH™)*

2.7 Bewertung von IT-Systemen

Aus dem oben Beschriebenen wird schon deutlich, dass die Function-Point-Analyse zunächst ein Verfahren zur Messung des fachlichen Leistungsumfangs von IT-Systemen ist.

Dabei sollte man sich immer wieder deutlich machen, dass die Definition der Datenbestände und Elementarprozesse aus Sicht der Anwender bzw. der Geschäftsprozesse erfolgt. Nebenbei, dies ist der Grund, warum allgemeine Function-Point-Angaben für Standardsoftware wenig sinnvoll sind. Standardsoftware kann mit der Function-Point-Analyse nur im Kontext ihrer konkreten Verwendung in einem Unternehmen bewertet werden.

Die Bewertung einer Anwendung ist immer eine Momentaufnahme, die den Zustand eines Systems zu einem bestimmten Zeitpunkt beschreibt. Da der Messgegenstand zu diesem Zeitpunkt existiert und fassbar ist (so wie z. B. die kleine

Anwendung Outlook-Adressbuch, die jeder Windows-Nutzer auf seinem PC vorfindet), ist grundsätzlich eine präzise Messung möglich.

Um diese durchführen zu können, brauchen wir ein tiefes Verständnis des Systems. Allerdings nicht darüber, *wie* es aufgebaut ist und in seinem Inneren funktioniert, sondern vielmehr darüber, *was* es für den Anwender bzw. für den Geschäftsprozess leistet. Das »Was« ist wichtig für die Function-Point-Analyse, nicht das »Wie«. Wir sollten zur Analyse einer Anwendung also den Anwender befragen und nicht den Entwickler oder Softwaredesigner.

Die Analyse einer Anwendung, ein *application count*, kann Aufschlüsse über die von einem System gelieferte Funktionalität geben. Der ermittelte Wert kann Bezugsgröße z. B. für die Einschätzung von Wartungskosten und Fehlerhäufigkeiten sein. Ein *application count* dient aber auch als Basis für die Bewertung von Erweiterungsprojekten und wird deshalb häufig auch als »Baseline« bezeichnet.

Nicht immer wird es notwendig sein, eine präzise und detaillierte Messung für eine Anwendung durchzuführen. Kann ein gewisser Fehler in der Bestimmung akzeptiert werden, gibt es entsprechende Näherungsverfahren, die die Angabe eines Function-Point-Werts innerhalb einer recht gut bekannten Unsicherheit angeben. Mit diesen Näherungsverfahren lassen sich Aufwand und Kosten für eine Analyse reduzieren, allerdings auch um den Preis einer verringerten Nachvollziehbarkeit und Präzision.

2.8 Bewertung von IT-Projekten

Wenn wir den Aufwand für ein Projekt mit Hilfe von Function Points abschätzen wollen oder die Projektleistung anhand von Function Points mit anderen Projekten vergleichen wollen, müssen wir das Verfahren sinnvoll auf die Projektsituation übertragen können. Dazu müssen wir die Aufgaben und das Vorgehen des Projekts verstehen. Handelt es sich um die Neuentwicklung eines Systems »auf der grünen Wiese«? Oder wird die Funktionalität eines Systems weiterentwickelt? Oder wird eine Standardsoftware in die Umgebung des Kunden integriert und an die Erfordernisse des Unternehmens angepasst?

Bei einer Neuentwicklung wird man das Endergebnis unmittelbar mit der Leistung des Projekts identifizieren. Handelt es sich dagegen um eine Weiterentwicklung, so wird man wohl nur daran interessiert sein, den aktuellen Beitrag des Projekts zu bewerten.

Noch interessanter ist der Fall der Integration einer Standardsoftware: Will man das Projekt im Sinne einer *Make-or-buy*-Entscheidung betrachten, so sollte das gesamte Projektergebnis mit Function Points bewertet werden. Will man hingegen die Softwareentwicklungsproduktivität im Projekt messen, so sollten nur die tatsächlichen Integrations- und Anpassungsaktivitäten des Projekts berücksichtigt werden.

Die Function-Point-Analyse enthält eine Reihe von Regeln für die Bewertung von Neuentwicklungs- und Erweiterungsprojekten (*development projects* und *enhancement projects*). Darüber hinaus muss immer die konkrete Fragestellung und Zielsetzung beim Einsatz der FPA für die Bewertung von Projekten berücksichtigt werden.

Ist das Projekt abgeschlossen, so lassen sich die durch das Projekt implementierten fachlichen Funktionen präzise beschreiben. Damit lässt sich auch der Function-Point-Wert in einer Nachbetrachtung genau messen. Für Aufwandsschätzungen ist dagegen immer ein Planungsstand die Grundlage, der mehr oder weniger konkretisiert ist, beispielsweise ein Pflichtenheft oder vielleicht nur eine noch gröbere Beschreibung der Anforderungen. Eine »Messung« der zugehörigen Function Points ist hier aufgrund der Informationslücken noch nicht möglich. Trotzdem lassen sich – entsprechende Erfahrung vorausgesetzt – recht zuverlässige Prognosen abgeben.

Die häufig in der Literatur zu findende Aussage, eine Function-Point-Analyse sei frühestens mit Abschluss eines Fachkonzepts möglich, ist hingegen so nicht richtig. Eine wirklich sichere Messung lässt sich natürlich erst nach Projektabschluss durchführen, denn erst dann steht unzweifelhaft und tatsächlich die Leistung des Projekts fest. Zum Zwecke der Aufwandsschätzung reichen jedoch Prognosen aus, die naturgemäß einer umso größeren Streuung unterliegen, je früher sie durchgeführt werden.

2.9 FPA im Projektzyklus

Einer der großen Vorteile der Function-Point-Analyse liegt in ihrer Verwendung über den gesamten Lebenszyklus eines Softwareprojekts. So lässt sich mit ihr die Entwicklung des Anforderungsumfangs von der ersten Projektidee über die verschiedenen Konzept- und Designphasen bis hin zum fertigen Produkt verfolgen. Wir wollen im Folgenden die Anwendung der Function-Point-Analyse im Verlaufe eines Softwareprojekts übersichtsartig darstellen.

2.9.1 Anforderungsanalyse und -beschreibung

Die Beschreibung und Analyse fachlicher Anforderungen in einer sowohl für die Anwender als auch für die Softwareentwickler gemeinsamen Sprache ist und bleibt ein fundamentales Problem. Die Anwender wissen, was sie wollen, können es aber nicht adäquat in Software-Terminologie übersetzen. Die Softwareentwickler verstehen oder glauben manchmal auch nur zu verstehen, was die Anwender wollen, können es aber nicht in einer für diese verständlichen Sprache beschreiben. Die Missverständnisse lassen sich wegen des Fehlens einer gemeinsamen Sprache nicht aufklären.

Auch die in den letzten Jahren entwickelte *Unified Modeling Language* (UML) hat dieses Problem nicht lösen können. Der Spagat zwischen anwenderverständlicher Darstellung der Anforderungen und dem Anspruch, gleichzeitig die Grundlage für eine quasi automatisierte Umsetzung der Anforderungen in ein IT-System zu sein, ist zugunsten Letzterem ausgegangen. Die UML selbst ist so formalisiert und zugleich mächtig, dass ein »normaler« Anwender sie nicht mehr ohne zeitaufwändige Ausbildung verstehen kann.

Auch die Function-Point-Analyse mit der durch sie vorgegebenen strukturierten funktionalen Dekomposition fachlicher Anforderungen, die in einem funktionalen Hierarchiebaum resultiert, bietet hier keine vollständig befriedigende Lösung. Im praktischen Einsatz des Verfahrens werden jedoch zwei wertvolle Ergebnisse erreicht:

- Der funktionale Hierarchiebaum mit der Darstellung der Elementarprozesse liefert eine grobe Systemübersicht. Diese ist statisch und beschreibt nur das »Was« (d. h. das, was das System leisten soll) und nicht das »Wie«, stellt aber gerade damit den zu einem frühen Projektzeitpunkt erreichbaren größten gemeinsamen Nenner dar. Der Hierarchiebaum und das Prinzip der Elementarprozesse sind auch einem nicht vorbelasteten Anwender leicht verständlich zu machen.
- Gleichzeitig ist das Verfahren hinreichend genau definiert. So kann bereits zu einem frühen Projektzeitpunkt eine quantitative Aussage über den fachlichen Funktionsumfang aus dem funktionalen Hierarchiebaum abgeleitet werden.

Ist es Ihnen aufgefallen? In der Anforderungsanalyse werden Function Points nicht gemessen. Vielmehr dient die FPA, ergänzt um das Konzept des funktionalen Baums, einer ersten Grobbeschreibung der fachlichen Anforderungen.

2.9.2 Aufwandsschätzung

Die Aufwandsschätzung war ja die Ausgangsmotivation für die Entwicklung der FPA. Tatsächlich spielt dieser Anwendungsbereich heute jedoch nur noch eine vergleichsweise geringe Rolle in der praktischen Anwendung des Verfahrens.

Basierend auf ihren Vorgehensmodellen, Entwicklungsprozessen und technischen Entwicklungsumgebungen haben heute zahlreiche Unternehmen, insbesondere in der IT-Dienstleistungsbranche, eigene Verfahren für sichere und nachvollziehbare Aufwandsschätzungen entwickelt. Grob kann man sagen, dass diese proprietären Verfahren der FPA etwa ab dem Vorliegen eines Fachkonzepts hinsichtlich der Aussagegenauigkeit überlegen sein können.

Ihre Berechtigung hat die FPA für die Aufwandsschätzung jedoch immer noch aus drei Gründen:

- Zu sehr frühen Projektzeitpunkten stellt die FPA einen Rahmen für eine strukturierte Grobbeschreibung der Anforderungen zur Verfügung.
- Auf der FPA basierende Aufwandsschätzungen sind nachvollziehbar, auch außerhalb des eigenen Unternehmens.
- Im Zusammenwirken mit Projektcontrolling und Benchmarking liefern sie eine konsistente Messgröße für die Projektleistung über den gesamten Projektlebenszyklus.

Wichtig für einen zielführenden Einsatz der FPA zur Aufwandsschätzung ist vor allem die Erkenntnis, dass sie selbst kein Aufwandsschätzverfahren ist. Auch wenn dies bis heute in der Presse und leider auch in der Fachliteratur irrigerweise häufig so dargestellt wird: Für die Ermittlung einer Aufwandsschätzung sind noch wesentliche weitere Informationen notwendig, die von der FPA gar nicht geliefert werden können[7].

Ein gutes Beispiel für das Zusammenwirken eines Aufwandsschätzmodells mit der FPA ist das COCOMO-Verfahren, das weiter hinten im Buch ausführlich behandelt wird. Dieses Verfahren verwendet den FP-Wert als Größenmaß für die fachlichen Anforderungen, der zu erwartende Projektaufwand wird dann unter Hinzuziehung 23 weiterer Parameter ermittelt.

2.9.3 Auftragsvergabe

Soll die Entwicklung des IT-Systems durch einen Dienstleister erfolgen, gilt es, den einerseits günstigsten Anbieter zu finden, andererseits aber auch eine zuverlässige Lieferung und hohe Qualität des Systems sicherzustellen. Auch im Prozess der Auftragsvergabe findet die Function-Point-Analyse deshalb Anwendung.

Zunächst ermöglicht eine Function-Point-Analyse eine Präzisierung der Anforderungsdefinition zwischen Auftraggeber und -nehmer. Hierzu gibt es verschiedene Vorgehensweisen:

Auftraggeber und -nehmer erstellen auf der Basis des Anforderungsdokuments unabhängig voneinander Function-Point-Analysen. Die Ergebnisse werden verglichen, eventuelle Abweichungen geben Hinweise auf zusätzlichen Klärungsbedarf in der Anforderungsdefinition.

Etwas direkter wäre der Weg, dass der Auftragnehmer direkt mit dem Auftraggeber die Function-Point-Analyse durchführt. Die dritte Alternative schließlich ist die Erstellung von Function-Point-Analysen der von den Auftragnehmern vorgelegten Angebote durch unabhängige Gutachter.

Liegen Angebote mehrerer Auftragnehmer vor, so lässt sich neben dem jeweiligen Gesamtpreis nun auch ein »Preis pro Function Point« vergleichen. Damit

---

7. Tatsächlich findet sich auch in der FPA ein Ansatz, diese weiteren Einflussfaktoren schon in den FP-Wert einfließen zu lassen. Dieser ist in Abschnitt 3.9 beschrieben. Dieser Ansatz findet jedoch aus den dort beschriebenen Gründen in der Praxis keine Anwendung.

kann nicht nur das »billigste«, sondern auch das »günstigste« Angebot ermittelt werden.

In Situationen, in denen die Einholung von Vergleichsangeboten nicht möglich ist, stellt die Function-Point-Analyse schließlich die einzige Möglichkeit dar, ein Projektangebot hinsichtlich seiner Marktgerechtigkeit zu bewerten.

Schließlich gibt es noch die Fälle, in denen eine Beauftragung bereits stattfinden soll, obwohl die Anforderungen noch nicht vollständig feststehen. Hier gibt es nur die Alternative, nach *time and material*, also dem tatsächlichen Aufwand, abzurechnen oder aber nach *unit costs*, also einem Stückpreis pro geliefertem Function Point. Wir glauben, dass die zweite Alternative letztlich die für beide Seiten vorteilhafteste Abrechnungsweise ist. Der Auftraggeber zahlt letzten Endes nur für den tatsächlich erhaltenen Funktionsumfang. Auf der anderen Seite kommen durch den Auftragnehmer erzielte Produktivitätsverbesserungen auch diesem zugute.

2.9.4 Controlling

Im Controlling dient die Function-Point-Analyse dazu, eine Vergleichbarkeit der Leistung zwischen Projekten und Anwendungen herzustellen. Die Überwachung von Budget- und Zeitplaneinhaltung ist in der Regel nicht ausreichend, um die Leistung eines Softwareentwicklungsbereichs oder eines Softwaredienstleisters zu beurteilen.

Interessant aus der Perspektive des IT-Controllers ist hier vor allem die Möglichkeit, die Leistungsmessung ohne Hinzuziehung des Dienstleisters durch die neutrale Bewertung eines außenstehenden Gutachters ermitteln zu können.

Auch in aktuellen Controlling-Standards, wie etwa dem ITIL-Standard[8], werden Größenmessungen (*size*) der in der Softwareentwicklung gelieferten Produkte verlangt. Insbesondere der ITIL-Standard *Application Management* liefert wertvolle Hinweise auf zu verfolgende Mess- und Ergebnisgrößen.

2.9.5 Benchmarking

Benchmarking ist ein Begriff, der in der Mitte der 1980er Jahre als Managementmethodik entwickelt wurde. Im Kontext der Softwareentwicklung wird der Begriff üblicherweise eingeschränkter verwendet, d.h. mehr seiner üblichen Bedeutung (benchmark = Vergleichswert) entsprechend. Beim Benchmarking geht es also im Grunde einfach darum, die eigene Leistung mit der anderer zu vergleichen.

Die Vergleichbarkeit der Leistung von Softwareprojekten, aber auch von Aktivitäten in der Softwarewartung und -betreuung, wird heute durch die Mes-

---

8. [Office of Government Commerce 2002]

2.9 FPA im Projektzyklus

sung nach dem Function-Point-Standard hergestellt. Diese Standardisierung erlaubt den Vergleich auch über Unternehmensgrenzen hinweg, ja sogar auf einer weltweiten Ebene.

In Benchmarks ermittelte Kennzahlen werden häufig als *key performance indicators*, kurz KPI, bezeichnet. Ein KPI unterscheidet sich von einer Messgröße grundsätzlich dadurch, dass er aus diesen abgeleitet wird. Messgrößen für ein Softwareprojekt wären z. B.:

- Funktionale Größe
- Aufwand
- Kosten
- Dauer
- Fehler nach Freigabe

Daraus lassen sich dann u. a. die folgenden KPIs ableiten:

- Produktivität = Funktionale Größe/Aufwand
- Stückkosten = Kosten/Funktionale Größe
- Liefergeschwindigkeit = Funktionale Größe/Dauer
- Qualität = Funktionale Größe/Fehler nach Freigabe

Zum Teil kann die Ableitung der KPIs natürlich auch komplexer sein. So werden z. B. in den Benchmarks der QuantiMetrics GmbH auch ein Prozesseffizienz-Index und ein Staffing-Index bestimmt. Es liegt auf der Hand, dass die Messgrößen und KPIs für einen Projektbenchmark erst nach Abschluss eines Projekts ermittelt werden können.

Die Auswertung solcher KPIs erlaubt entsprechende Rückschlüsse auf Verbesserungspotenziale. Diese müssen nicht notwendig im einzelnen Projekt liegen, nicht selten ist es die Projektumgebung, die die größten Möglichkeiten für Verbesserungen bietet. Eine ausführliche Behandlung der einzelnen KPIs, ihrer Ableitung und Interpretation kann im Rahmen dieses Buches nicht erfolgen. Dennoch wollen wir übersichtsartig die unserer Erfahrung nach wichtigsten darstellen. Abbildung 2–3 zeigt die typische Darstellung von KPIs für ein Softwareprojekt in einem QuantiMetrics-Projektbenchmark.

Die Darstellung im Kiviat-Diagramm ist dabei so gewählt, dass ein »anstrebenswertes« Ergebnis für den Kunden (dunkle Linie) außerhalb des Bezugswertes der Vergleichsgruppe (graue Linie »Median«) liegt. Zusätzlich ist die Lage der jeweiligen oberen Quartile (Top 25 %) und Dezile (Top 10 %) eingezeichnet[9]. So

---

9. Eine Ausnahme stellt hierbei der Staffing-Index dar. Da eine entspannte oder hohe Personalausstattung eines Projekts nicht für sich gesehen als erstrebenswert oder vermeidenswert gelten kann, ist hier eine Betrachtung der Quantile wenig sinnvoll. Die Abweichung vom Median nach oben (entspannte Planung) oder unten (hohe Personalaustattung) ist im Zusammenhang mit den in den anderen KPIs erzielten Ergebnissen zu betrachten.

Abb. 2-3 Beispiel einer KPI-Darstellung für ein Softwareprojekt

lässt sich auf einen Blick das erreichte Ergebnis in der Gesamtbetrachtung bewerten. Die hier dargestellten KPIs stehen für:

- *Prozesseffizienz:* Ein von QuantiMetrics berechneter Index, der die erreichte Prozesseffizienz beschreibt.
- *Staffing-Index:* Ein von QuantiMetrics berechneter Index, der die Personalausstattung der Projekte beschreibt. (Werte für eine zeitlich entspannte Personalausstattung liegen außerhalb, Werte für eine hohe Personalausstattung innerhalb der Mediankurve.)
- *Produktivität:* Leistung (FP)[10]/Aufwand (PM)[11]
- *Time-to-Market:* Entwicklungsgeschwindigkeit Leistung (FP)/Zeit (Monat)
- *Testqualität:* Leistung (FP)/Anzahl Fehler, wobei sich diese auf die üblichen systematisierten Teststufen eines Projekts (System-, Integration- und Abnahmetests) bezieht.
- *Betriebsqualität:* Wie Testqualität, die Anzahl der Fehler bezieht sich dabei auf einen bestimmten Zeitraum (üblicherweise 30 Tage) nach Produktionsstart.
- *Terminplanung:* Ein von QuantiMetrics berechneter Index, der die Einhaltung der Terminplanung beschreibt. Dabei werden auch Änderungen im Funktionsumfang gegenüber den Planwerten berücksichtigt.
- *Budgetplanung:* Wie Terminplanung, aber bezogen auf Aufwands- oder Kostenplanungen.

---

10. FP = Function Points
11. PM = Personenmonat

2.9 FPA im Projektzyklus

- *Stückkosten:* Projektkosten normiert auf die Anzahl der gelieferten Function Points.

Ähnlich wie Softwareprojekte lassen sich auch Aktivitäten in der Softwarewartung und -pflege mit Hilfe von Functions Points vergleichbar machen oder »benchmarken«. Ein KPI wäre hier zum Beispiel der Wartungsaufwand pro Function Point oder die Häufigkeit von Fehlern pro Function Point, jeweils in einem bestimmten Zeitintervall. Ein Ergebnisbeispiel ist in Abbildung 2–4 dargestellt.

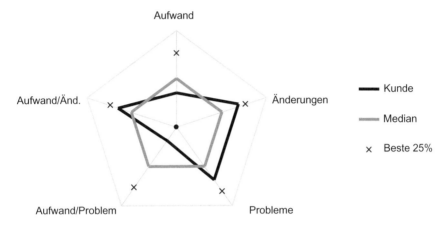

Abb. 2–4 *Beispiel einer KPI-Darstellung für Softwarewartungsaktivitäten*

Die hier dargestellten KPIs stehen für:

- *Aufwand*: Aufwand für Wartung (PM)/Systemgröße (1000 FP)
- *Änderungen*: Anzahl der Änderungen/Systemgröße (1000 FP)
- *Probleme*: Anzahl der beobachteten Probleme/Systemgröße (1000 FP)
- *Aufwand/Problem*: Aufwand für Problembehebung/Anzahl der Probleme
- *Aufwand/Änderungen*: Aufwand für die Durchführung von Änderungen (funktionaler oder technischer Art)/Anzahl Änderungen

Vergleiche zwischen Projekten oder Anwendungen lassen sich im internen Vergleich innerhalb eines Unternehmens, in einer Zeitreihe oder auch im externen Vergleich gegen andere Unternehmen durchführen. Dabei können einzelne Projekte oder Anwendungen, Stichproben oder auch die Gesamtheit innerhalb des Unternehmens betrachtet werden. Jeder dieser Ansätze liefert andere Erkenntnisse und kann für sich genommen sinnvoll sein.

Immer wieder wird beim Benchmarking die nahe liegende Frage gestellt, wie sich die Vergleichbarkeit der Daten herstellen ließe. Hier müssen genau genommen zwei Aspekte unterschieden werden: Zunächst gilt es sicherzustellen, dass die dem Vergleich zugrunde liegenden Messgrößen in gleicher Weise erhoben wurden. Dies gilt also für den Function-Point-Wert, aber auch für alle anderen Größen wie Aufwands- und Kostenzahlen. Für die Ermittlung des FP-Werts sollte also auf eine möglichst standardkonforme Vorgehensweise geachtet werden, gerade deshalb bietet sich der IFPUG-Standard (der ausführlich im Kapitel 3 beschrieben wird) als heute weitverbreitetster Standard an. Für die Ermittlung von Aufwands- und Kostenzahlen gibt es heute noch keine einheitlichen Standards, so dass hier im Einzelfall ein Abgleich vorgenommen werden muss.

Ist die einheitliche Erfassung der Messgrößen sichergestellt, bleibt immer noch die Frage, ob zwei ganz verschiedene Projekte oder verschiedene Unternehmen überhaupt vergleichbar sind. Diese Frage ist jedoch falsch gestellt: Ob zwei Objekte miteinander verglichen werden, ist immer eine subjektive Entscheidung des Betrachters, die sich an seinen Zielsetzungen orientiert. Anders gesprochen: Das Management z. B. eines Anwendungsentwicklungsbereichs muss entscheiden, welche Projekte, innerhalb und außerhalb des eigenen Hauses, es miteinander vergleichen will und im Vergleich zu welchen anderen Organisationen eine Benchmark-Analyse durchgeführt werden soll.

Ausschlaggebend sind dabei die konkreten Zielsetzungen und Fragestellungen. Soll z. B. durch den Benchmark die Effizienz einer besonderen Entwicklungsumgebung untersucht werden, so müssen die Projekte mit solchen aus anderen Entwicklungsumgebungen verglichen werden. Geht es dagegen darum, die Effizienz der Entwicklungsprozesse innerhalb der Entwicklungsumgebung zu bewerten, sollte der Vergleich gegen Projekte aus einer gleichen oder ähnlichen Entwicklungsumgebung durchgeführt werden.

3 Das Regelwerk

Das Regelwerk des Function-Point-Verfahrens ist überschaubar, auch wenn das *Function Point Counting Practices Manual* (in der Folge als CPM bezeichnet), in dem die geltenden Regeln durch die *International Function Point Users Group* (IFPUG)[12] niedergelegt sind, zuerst einen anderen Eindruck vermittelt. Die gut 450 Seiten Text des CPM suggerieren im ersten Moment ein hochkomplexes Bewertungsverfahren mit vielen Regeln und Bestimmungen und vielleicht auch Ausnahmen – doch dem ist nicht so.

Das CPM bietet dem Leser neben den offiziellen Regeln, Bestimmungen und Definitionen im ersten Kapitel in der Hauptsache ausführliche Praxisbeispiele, die in das Verfahren sowohl einführen, als auch bei Zweifelsfällen Auskunft geben. Als FP-Experte macht man sicher keinen Fehler, das gesamte CPM durchzuarbeiten, doch im Berufsalltag bleibt meist nicht ausreichend Zeit dafür und dass das englische Original in keiner deutschen Übersetzung vorliegt, erleichtert die Sache auch nicht unbedingt.

Die 1984 in Toronto gegründete IFPUG ist sozusagen die Methodenhüterin und definierte mit Version 4.2 einen Standard, der mittlerweile als ISO 20926 anerkannt wurde. Unter Mitarbeit der nationalen Organisationen, wie u. a. der *Deutschsprachigen Anwendergruppe für Software-Metrik und Aufwandschätzung e.V.* (DASMA)[13], werden Lösungsbeispiele für Bewertungsfragen bei neuen technologischen Umgebungen erarbeitet. Darüber hinaus richtet die IFPUG Tagungen zum Erfahrungsaustausch aus.

Das CPM wird in unregelmäßigen Abständen aktualisiert. Die Änderungen haben heute überwiegend redaktionellen Charakter, mit wesentlichen Änderungen am eigentlichen Regelwerk ist nicht mehr zu rechnen. Die neueste Version des CPM vom Januar 2004 (Release 4.2) ist gegenüber der Vorversion 4.1 im Grunde eine reine Neustrukturierung des Inhalts. Der Aufbau ist deutlich klarer und überschaubarer geworden, nachdem die Beispiele von den eigentlichen Regeln

---

12. www.ifpug.org
13. www.dasma.de

und Definitionen getrennt worden sind. Das CPM kann als Papier- oder PDF-Version bei der IFPUG per Internet oder alternativ als Standard ISO 20926 bei der ISO[14] erworben werden.

Zu den für einen FP-Experten notwendigen Dokumenten gehören weiterhin die *Case Studies* (Fallstudien) der IFPUG. Sie zeigen beispielhaft die Anwendung der Regeln des CPM in verschiedenen Anwendungs- und Projektszenarien. Sie sind unverzichtbar, will man sich auf die Zertifizierungsprüfung als *Certified Function Point Specialist* (CFPS) vorbereiten (siehe auch Abschnitt 5.7).

Die eigentlichen Regeln und Definitionen des CPM beschränken sich auf wenige Seiten und sind einfach zu erlernen. In den folgenden Kapiteln werden sie ausführlich vorgestellt. Dort, wo es uns sinnvoll erscheint, verweisen wir auf die entsprechenden Seiten im CPM. »(CPM 5-2)« z.B. verweist auf das CPM-Kapitel 5, Seite 2, wobei wir uns auf den Standard 4.2 und darin wieder auf den Teil 1 *Process and Rules* beziehen. Die Originalbegriffe aus dem CPM haben wir *kursiv* gesetzt. Zum Teil zitieren wir den englischen Originaltext, der sich nicht immer ganz korrekt ins Deutsche übersetzen lässt, ohne dabei holprig zu klingen. Wir standen deshalb häufig vor der Entscheidung, entweder »flüssig« oder unmittelbar wörtlich zu übersetzen. Erscheint Ihnen unsere deutsche Übersetzung uneindeutig oder unvollständig, sollten Sie sich deshalb bitte immer am Originaltext orientieren.

3.1 Übersicht

Bevor nun die einzelnen Regeln und Bedingungen konkret und ausführlich erläutert werden, folgt an dieser Stelle eine grobe Übersicht über die Bestandteile der FPA sowie über das allgemeine Vorgehen. Dieses grobe Verständnis der FPA ist notwendig, um die Bedeutung der einzelnen Teile richtig zu verstehen und einordnen zu können.

Vorweg eine Anmerkung zu den verwendeten Begriffen. Die englischen Vokabeln *to count* und *count* werden üblicherweise korrekt mit »zählen« und »Zählung« übersetzt und im Deutschen hat sich für das englische *Function Point Analysis* der Begriff »Function-Point-Methode« eingebürgert. Zwar ist es sicherlich richtig, dass die Function Points »gezählt« werden, trotzdem verwenden wir in unserem Text die Begriffe »bewerten« und »analysieren«, da nicht das Aufsummieren der FPs im Vordergrund steht, sondern die Bewertung einer Anwendung bzw. eines Projekts. Auch der Begriff »Methode« erscheint in unseren Augen nicht ganz treffend, so dass wir eindeutiger von (Bewertungs-)Verfahren oder Analyse sprechen, was dem englischen Original auch näher kommt. Statt, wie oft gebräuchlich, jene Personen, die eine Analyse durchführen, als »Zähler« zu bezeichnen, haben wir uns bei diesen für den Begriff »FP-Experte« entschieden.

---

14. www.iso.org

Ein Verzeichnis für die zahlreichen in der FPA verwendeten Abkürzungen finden Sie im Anhang.

3.1.1 Die Zielsetzung einer Analyse

Zu Beginn einer Analyse muss natürlich die Zielsetzung geklärt werden, die sich wiederum aus der Fragestellung ergibt: Aufwandsschätzung oder Nachbetrachtung eines Projekts, Bewertung eines Projektangebots oder einer Anwendung usw.

Je nach Fragestellung haben wir es also mit der Analyse

- einer Anwendung (*application*),
- eines Neuentwicklungsprojekts (*development project*) oder
- eines Erweiterungsprojekts (*enhancement project*)

zu tun. Diese Unterscheidung wird im CPM als *type of function point count* oder kurz *count type* bezeichnet und im Deutschen am besten mit »Analysetyp«.

Es kann sowohl eine Anwendung bewertet werden, die noch im Entstehen ist, als auch eine schon fertig gestellte Anwendung. Aber auch die Bewertung von Weiterentwicklungen bestehender Anwendungen ist möglich. Welche Art von Projekt bewertet werden soll, spielt für die Dokumentation und den Umgang mit den ermittelten FPs eine große Rolle, das Vorgehen der Bewertung an sich bleibt aber nahezu gleich.

Hat man also den Analysetyp bestimmt, lautet die Frage im zweiten Schritt, ob es sich um eine konkrete Bewertung oder um eine Prognose handelt. Es gibt folgende Möglichkeiten:

- Prognose des Funktionsumfangs einer noch zu entwickelnden Anwendung (Neuentwicklungsprojekt) oder der Erweiterung einer Anwendung (Erweiterungsprojekt) und
- Zählung des Funktionsumfangs einer bestehenden Anwendung oder des Ergebnisses eines Erweiterungsprojekts.

Der Unterschied liegt im Zeitpunkt der Analyse und damit in der Menge und Detaillierung der verfügbaren Informationen. Je nachdem sprechen wir von einer Prognose, d. h. einer in die Zukunft gerichteten Aussage (»Das Projekt wird eine Anwendung im Umfang von x Function Points liefern«), oder von einer Bewertung (»Die Anwendung umfasst x Function Points«).

Wir verwenden hier und im Folgenden im Zusammenhang mit der FPA bewusst den Begriff »Prognose« anstelle des vielfach üblichen Begriffs »Schätzung«. Der Begriff Schätzung ist im Deutschen, wie im Englischen der Begriff *estimate*, doppelt belegt: Er bezeichnet zum einen die ungenaue Bestimmung einer eigentlich messbaren Größe (Beispiel: Schätzung eines Gewichts in Ermangelung einer geeigneten Waage), zum anderen die Vorhersage einer Zufallsvariablen (Beispiel: Schätzung der Häufigkeit des Auftretens einer bestimmten Zahl beim Würfeln). Um Verwechslungen zu vermeiden, bezeichnen wir im Kontext der FPA ersteres als »Näherung« und letzteres als »Prognose«. Um den in der Literatur mittlerweile tief verwurzelten Begriff der Aufwandsschätzung kommen wir allerdings auch nicht herum.

Der Begriff »Analyse«, den wir in diesem Buch verwenden, soll als Oberbegriff für die Bezeichnungen »Prognose« und »Zählung« gelten. Das CPM verwendet dafür die Begriffe *estimated count* und *final count*. Die anzuwendenden Regeln sind in beiden Fällen natürlich dieselben. Sie unterscheiden sich in der Art der Anwendung: Während bei einer Zählung das zu bewertende Objekt konkret vorliegt, ist es bei einer Prognose zunächst nur in irgendeiner mehr oder weniger präzisen Form beschrieben.

Damit ergeben sich die folgenden Analysetypen (Abb. 3–1):

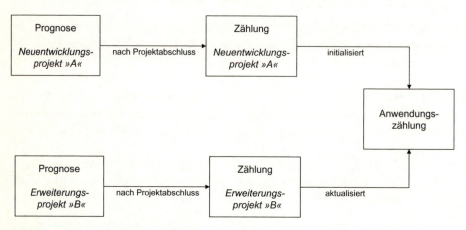

Abb. 3–1 *Übersicht zu den Analysetypen*

3.1.2 Abgrenzung der Analyse

Es werden mit der FPA also sowohl Anwendungen als auch Projekte bewertet. Wie bei jedem Bewertungsverfahren sind die zu bewertenden Objekte zunächst eindeutig abzugrenzen.

Die Abgrenzung einer Analyse wird im CPM als *counting scope* bezeichnet, wir nennen es Analyseumfang. In der Regel wird sich der Umfang der Analyse bei einer Projektbewertung mit dem des zu bewertenden Projekts decken. Der Umfang eines Projekts ist im Wesentlichen durch seine Ziele und Ergebnisse, im Detail durch die zugeordneten Aktivitäten definiert.

Die Abgrenzung eines Projekts ergibt sich durch den Projektauftrag. Aufgabe des FP-Experten ist es also, vor Beginn der Analyse die Projektabgrenzung anhand des Projektauftrags zu bestimmen. Ist der Projektauftrag lückenhaft, so kann es nicht Aufgabe des FP-Experten sein, diese Lücke zu schließen. Er sollte sich vielmehr auf deren Dokumentation und Kommunikation beschränken.

Es sind aber neben projektbezogenen auch andere Abgrenzungen für eine Analyse denkbar, etwa wenn nur ein Teil einer Anwendung bewertet werden soll[15]. Die Abgrenzung der Analyse ist also zunächst eine Frage der Auftragsdefinition (»Was soll bewertet werden?«).

Die Abgrenzung einer Anwendung, im CPM als *application boundary* bezeichnet, ergibt sich dagegen aus den Regeln der FPA. Die Anwendungsabgrenzung erfolgt nach im CPM definierten Regeln und beschreibt, welche Funktionen und Datenbestände zu einer Anwendung gehören.

Auch für die Analyse eines Projekts, insbesondere eines Erweiterungsprojekts, ist häufig zunächst eine Anwendungsabgrenzung notwendig. Zu bewertende Aktivitäten eines Projekts können insgesamt mehrere Anwendungen betreffen. Als Faustregel kann man sich merken: Die Anwendungsabgrenzung ergibt sich aus dem Function-Point-Standard, die Projektabgrenzung aus dem Projektauftrag.

3.1.3 Analyse und Bewertung

Sind Zielsetzung und Abgrenzung der Analyse festgelegt, folgt nun die eigentliche Analyse und Bewertung. Hierbei wird das zu analysierende Objekt gleichsam in kleinere Objekte, nämlich die Elementarprozesse und Datenbestände, zerlegt und diese wiederum werden einzeln bewertet. Zerlegung und Bewertung folgen dabei klaren und eindeutigen Regeln, die im CPM beschrieben sind.

Die FPA arbeitet mit fünf unterschiedlichen Elementen: drei Funktionsarten und zwei Typen von Datenbeständen. Für jede der Funktionsarten sowie die beiden Typen von Datenbeständen ist ein genauer FP-Wert definiert.

Die Summe dieser Zahlenwerte ergibt die Maßzahl für den fachlichen Umfang des Zählobjektes.

Die Funktionsarten sind definiert als:

- Eingabe (*external input* – EI)
- Ausgabe (*external output* – EO)
- Abfrage (*external inquiry* – EQ)

Die Datenbestände sind definiert als:

- Interner Datenbestand (*internal logical file* – ILF)
- Referenzdatenbestand (*external interface file* – EIF)

---

15. Siehe hierzu unser Beispiel im Kapitel 4.

Es werden bei der FPA also alle fachlichen Funktionen des Zählobjektes in die für den Anwender kleinste sinnvolle Einheit zerlegt (Elementarprozess). Dann wird nach dem Hauptzweck (*primary intent*) jedes Elementarprozesses gefragt und dieser entsprechend einer der drei Funktionsarten zugeordnet. Dabei gilt:

- Eingabe: Fachliche Daten kommen von außerhalb in die zu bewertende Anwendung hinein.
- Ausgabe: Fachliche Daten verlassen die zu bewertende Anwendung.
- Abfrage: Die Anwendung stellt fachliche Daten bereit.

Beispiel: Kann der Anwender mit einem Elementarprozess die Daten eines neuen Kunden anlegen, ist dies als Eingabe zu bewerten, da die Daten von außerhalb kommen und über eine Schnittstelle[16] (hier bspw. Tastatur) über die Anwendungsgrenze in das System hineingelangen.

Werden in dem System Rechnungen erstellt und auf Papier ausgedruckt, ist dieser Elementarprozess eine Ausgabe, da fachliche Daten (Rechnung) die Anwendung verlassen.

Besteht die Möglichkeit, eine Liste aller Kunden am Bildschirm anzuzeigen, ist dies als Abfrage zu bewerten. Eine Abfrage unterscheidet sich von der Ausgabe in der Hinsicht, dass bei einer Abfrage die Daten weder berechnet noch abgeleitet sein dürfen.

Die von einer Anwendung verwendeten Datenbestände werden unterschieden in solche, die in der Anwendung selbst gepflegt oder verändert werden, und solche, die nur lesend benutzt werden. Ihre Definitionen in Kurzform:

- Interner Datenbestand: Fachliche Daten, die von der Anwendung selbst gepflegt werden (anlegen, ändern, löschen …).
- Referenzdatenbestand: Fachliche Daten, die von der zu bewertenden Anwendung nur gelesen werden.

Bewertet man ein System, in dem Kundendaten verwaltet werden, d. h., in dem der Anwender Kundendaten anlegen, ändern, löschen, sich anzeigen lassen, ausdrucken etc. kann, ist diese Gruppe von fachlichen Daten (Namen, Adresse …) ein interner Datenbestand (»Kundendaten«).

Benutzt dieselbe Anwendung aber einen fachlichen Datenbestand einer anderen Anwendung, beispielsweise die Daten aller gültigen Postleitzahlen, so ist dieser Datenbestand (»Postleitzahlen«) als Referenzdatenbestand zu werten, wenn die zu zählende Anwendung nur lesenden Zugriff hat und die Daten weder ändern noch löschen kann.

---

16. Mit dem Begriff »Schnittstelle« ist auch im Verlauf der weiteren Kapitel nie eine technische Schnittstelle gemeint. »Schnittstelle« wird hier in dem Sinne verwendet, dass es Berührungspunkte zwischen der zu bewertenden Anwendung und anderen Anwendungen oder Ein- und Ausgabemöglichkeiten gibt.

Nach diesem Vorgehen werden alle fachlichen Funktionen und Datenbestände bewertet. Dabei werden einerseits die Funktionen berücksichtigt, die der Anwender selbst unmittelbar nutzen und steuern kann, andererseits aber auch all jene Funktionen, die dem Datenaustausch zwischen der zu bewertenden Anwendung und anderen Anwendungen dienen. (Beispiel: Die zu bewertende Anwendung gibt täglich einen Datensatz mit Mahninformationen an eine andere Anwendung weiter.)

3.2 Typ und Zweck der Analyse

Das CPM (CPM 4-2) unterscheidet drei verschiedene Analysetypen:

- Neuentwicklung (*development project*),
- Anwendung (*application*) und
- Weiterentwicklung (*enhancement project*).

Sie unterscheiden sich nicht in den grundsätzlichen Regeln, wie Bestimmungen der Funktionen und Datenbestände. Eine Anwendung wird als statisches Objekt beschrieben. Dagegen stellen die Aktivitäten eines Projekts einen dynamischen Vorgang dar. Deshalb gibt es für die Bewertung eines Projekts zusätzliche Regeln, die die Art der im Projekt bearbeiteten Funktionen beschreiben.

Das Ergebnis der Analyse einer Anwendung wird auch als »Basiszählung« (*baseline*) bezeichnet. Die Basiszählung beschreibt praktisch den Ist-Zustand einer Anwendung, der durch ein Neuentwicklungsprojekt entstanden ist und durch ein Weiterentwicklungsprojekt in der Folge verändert werden kann.

In vielen Unternehmen werden Weiterentwicklungsprojekte auch im Zuge von Releasekonzepten durchgeführt und kurz als Release bezeichnet. Deswegen verwenden wir, wie viele unserer Kunden, für Analysen von Erweiterungsprojekten auch überwiegend die kürzeren Begriffe »Releaseanalyse«, »Releaseprognose« oder »Releasezählung«, auch wenn diese im CPM keine Entsprechung haben[17]. Konsequenterweise bezeichnen wir die Analyse eines Neuentwicklungsprojekts kurz als »Projektanalyse«.

Zusätzlich zum Analysetyp ist dann der »Zweck der Analyse« (*purpose of the count*, siehe auch CPM 5-2) zu berücksichtigen. Der Zweck der Analyse kann z. B. sein:

- Prognose einer noch zu entwickelnden Anwendung bzw. von einem Release,
- Bewertung eines (Fach-)Konzepts vor der eigentlichen Entwicklung,

---

17. Allerdings soll die zusätzliche Komplikation nicht verschwiegen werden, dass manche Unternehmen wiederum mehrere Erweiterungsprojekte zu einem Release gruppieren. Die weiter unten beschriebenen Regeln zur Abgrenzung einer Analyse sind dann entsprechend anzuwenden.

- Nachkalkulation, also die Zählung der fertigen Anwendung bzw. des fertig gestellten Releases.

Der Zusammenhang von Typ und Zweck der Analyse ist in Abbildung 3–2 dargestellt.

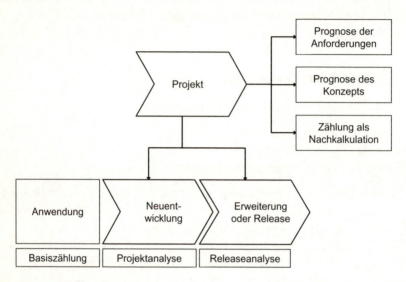

Abb. 3–2 *Analysetyp und -zweck*

Bei einer (frühen) Prognose liegen gewöhnlich nur wenige Dokumente vor, die auch noch nicht sehr ausgereift sind. Die Anwendung existiert sozusagen nur als Idee. Hier kann nur eine erste, abschätzende Bestimmung des zukünftigen Funktionsumfanges vorgenommen werden, denn erfahrungsgemäß ändern sich solche Projekte mit der Zeit immer.

Ist dagegen schon ein Fachkonzept erstellt und sind die Funktionen der Anwendung ausreichend beschrieben, ist eine erste »wirkliche« Prognose möglich. Diese Bewertung wird schon um einiges präziser den Umfang der Anwendung angeben, wobei auch hier immer noch kleine Schwankungen auftreten können, da auch noch in dieser Phase Änderungen vorkommen. Doch der zu diesem Zeitpunkt ermittelte Wert weicht vom Endwert meist nur geringfügig ab und kann als ein guter Ausgangswert beispielsweise für die Aufwandsschätzung genutzt werden.

Die Nachkalkulation misst an einer existierenden Anwendung den tatsächlichen funktionalen Umfang.

Aufwandsschätzungen werden von Projekten häufig schon in sehr frühen Projektphasen erwartet. Eine erste Schätzung wird in der Regel spätestens nach Fertigstellung des Grobkonzepts durchgeführt.

Eine noch frühere Aufwandsschätzung, beispielsweise bei der Anforderungsanalyse ist jedoch auch möglich. Hier erhält der Auftraggeber einen ersten Eindruck von der möglichen Größe der Anwendung und mit Hilfe von Erfahrungsdaten auch von dem zu erwartenden Aufwand der Entwicklung.

Spätestens mit dem Fachkonzept kann eine erste belastbare Prognose erstellt werden. Eine Nachkalkulation sollte im Grunde immer durchgeführt werden, um über die Zeit zu ermitteln, wie groß die Abweichungen zwischen der ersten Prognose, den folgenden korrigierten Prognosen und der im Projekt tatsächlich erstellten Anwendung ist. Dieser Wert kann, wenn er gesichert ist, bei den folgenden Projekten als Erfahrungswert herangezogen werden und helfen, die Genauigkeit der ersten Prognosen zu verbessern.

Als ausreichend gilt es in der Praxis, zumindest zwei Analysen pro Projekt durchzuführen: die Bewertung nach dem Fachkonzept und die Nachkalkulation. Vor allem die Nachkalkulation ist immer dann notwendig, wenn für die Anwendung früher oder später eine Erweiterung geplant ist, denn ohne eine so genannte »Basiszählung« ist eine »Erweiterungsanalyse« nur schwer möglich.

> Die Zählung eines abgeschlossenen Neuentwicklungsprojekts (»Nachkalkulation«) ist gleichzeitig die Basiszählung der durch das Projekt geschaffenen Anwendung.
>
> Eine Releasezählung bestimmt den Umfang eines abgeschlossenen Erweiterungsprojekts und führt zu einer aktualisierten Basiszählung des bzw. der durch das Projekt betroffenen Anwendungen.

So gut wie alle Unternehmen wollen die FPA zu einem Zeitpunkt einsetzen, zu dem es schon eine Reihe von existierenden Anwendungen gibt. Oft sind die Entwicklungsschritte dieser Anwendungen nicht mehr nachvollziehbar. Hier empfiehlt es sich, sozusagen einen »Schnitt« zu machen und für alle oder ausgesuchte Anwendungen eine Basiszählung durchzuführen. Das bedeutet im ersten Moment sicher einen gewissen Aufwand, denn für sehr große bzw. sehr komplexe Systeme müssen teilweise schon mehrere Tage Aufwand für die Basisanalyse veranschlagt werden. Aber der Aufwand lohnt sich, denn ist die Basis einmal dokumentiert, gestalten sich die Releasezählungen – die ja in der Praxis den größten Anteil an den in einem Unternehmen durchgeführten Analysen ausmachen – sehr zügig.

3.3 Anwendersicht

Das zentrale Paradigma der Function-Point-Analyse ist die Analyse und Bewertung einer Anwendung aus der Sicht der Anwender (*user view*) und ganz ausdrücklich nicht aus Sicht der Entwickler. Das CPM definiert:

> *A user view represents a formal description of the user's business needs in the user's language. Developers translate the user information into information*

technology language in order to provide a solution. A function point count is accomplished using the information in a language that is common to both user(s) and developers. [Die Anwendersicht steht für eine formale Beschreibung der fachlichen Anforderungen des Anwenders in der Sprache des Anwenders. Entwickler übersetzen die Information des Anwenders in die Sprache der IT, um eine Lösung bereitstellen zu können. Eine Function-Point-Analyse verwendet Informationen in einer Sprache, die sowohl den Anwendern als auch den Entwicklern vertraut ist.] (CPM 3-2)

Man sieht schon, dies ist eine hohe Anforderung an beide Seiten, Anwender und Entwickler, bzw. an alle drei Parteien, nämlich zusätzlich an den FP-Experten, eine gemeinsame Sprache zur Beschreibung fachlicher Anforderungen oder einer Anwendung zu finden. Andererseits wird bei vielen Unternehmen gerade dies auch als ein Nutzen der FPA empfunden, weil sie nämlich Entwickler und Anwender dazu zwingt, eine gemeinsame Sprache zu finden. Gelingt dies nicht, so wäre auch eine FPA nicht möglich, und damit erst recht kein Verständnis der fachlichen Anforderungen durch die Entwickler.

Was aber ist ein »Anwender«? Ganz sicher ist der Kreis der Anwender nicht auf die die Anwendung nutzenden Sachbearbeiter zu beschränken. Denn dazu gehören letztlich alle Personen, die in irgendeiner Form mit dem System arbeiten. Aber ein »Anwender« ist nicht nur ein Mensch, sondern auch eine andere Anwendung, die mit der analysierten Anwendung kommuniziert. Wer mit der *Unified Modeling Language* (UML) vertraut ist, wird feststellen, dass das Prinzip der Anwendersicht in der FPA vollständig dem des »*actors*« der UML entspricht.

Um alle Funktionalitäten der zu bewertenden Anwendung komplett erfassen zu können, muss vorab geklärt werden, welche Funktionalitäten zu dieser Anwendung und welche zu anderen Anwendungen gehören. Die zu bewertende Anwendung muss von anderen Anwendungen abgegrenzt werden.

Man macht es sich im Verständnis etwas leichter, wenn man die Anwendersicht als die Beschreibung der Geschäftsanforderungen (in der Sprache des Benutzers) sieht. Anwendungen dienen ja dazu, die Geschäftsprozesse des Unternehmens zu unterstützen. Und genau diese Unterstützung ist die Funktionalität der Anwendung. Betrachtet man die unterstützten Geschäftsprozesse, erkennt man schnell, was der Geschäftsprozess an Daten und Informationen alles benötigt.

Inhaltlich richtiger sollte man deshalb das Prinzip der Anwendersicht unserer Meinung nach als Prinzip der »Geschäftsprozesssicht« bezeichnen, denn letztlich geht es darum, was die analysierte Anwendung zur Unterstützung der Geschäftsprozesse leistet, und weniger darum, wer diese Funktionalität konkret bedient.

Nun wird man in den seltensten Fällen für eine Function-Point-Analyse auf eine ausgearbeitete und detaillierte Geschäftsprozessanalyse zurückgreifen können. Man kann aber, wenn man eine Anwendung analysiert, immer wieder die Frage stellen: Was leistet die gerade betrachtete Funktion zur Unterstützung des

Geschäftsprozesses? Die in der FPA identifizierten Elementarprozesse entsprechen dabei konzeptuell den Arbeitsschritten des Geschäftsprozesses.

3.4 Abgrenzung

Wie bei jeder Analyse oder Bewertung ist zunächst das Untersuchungsobjekt genau zu definieren und abzugrenzen. Diese Definition oder Abgrenzung ergibt sich dabei aus den drei schon oben beschriebenen Aspekten

- Zweck der Analyse (*purpose of the count*, CPM 5-2),
- Umfang der Analyse (*counting scope*, CPM 5-3) und
- Anwendungsgrenze (*application boundary*, CPM 5-4).

Da die Abgrenzung grundlegend für die Analyse ist und sich hier wesentliche Fehlermöglichkeiten in der Durchführung ergeben, behandeln wir sie im Folgenden ausführlich.

3.4.1 Zweck der Zählung

Die Bestimmung des Zwecks einer Analyse hat immer auch Einfluss auf die Abgrenzung der Analyse und der zu analysierenden Anwendungen. Der Zweck der Analyse bestimmt letztendlich ihren Umfang. Laut CPM erhält man durch die Bestimmung des Zwecks der Analyse eine Antwort auf ein Geschäftsproblem. Konkreter heißt es, der Zweck der Analyse

- *determines the type of function point count and the scope of the required count* [bestimmt den Typ der Function-Point-Analyse und ihren Umfang],
- *influences the positioning of the boundary between the software under review and the surrounding software; eg., if the Personnel Module from the Human Resources System is to be replaced by a package, the users may decide to reposition the boundary and consider the Personnel Module as a separate application* [beeinflusst die Festlegung der Grenze zwischen der zu untersuchenden und der sie umgebenden Software. Beispiel: Wenn das Mitarbeiter-Modul eines Personalverwaltungssystems durch eine Paketlösung ersetzt werden soll, können sich die Anwender für eine Verlagerung der Grenze entscheiden und überlegen, ob sie das Mitarbeiter-Modul als separate Anwendung betrachten]. (CPM 5-2)

Eine Analyse kann zu verschiedenen Zwecken bereitgestellt werden, z. B.

- *to provide a function point count as an input to the estimation process to determine the effort to develop the first release of an application* [um eine Function-Point-Analyse als Ausgangsgröße für eine Aufwandsschätzung für das erste Release einer Anwendung zu erhalten],

- *to provide a function point count of the installed base of applications* [um eine Function-Point-Analyse der genutzten Anwendungen zu erhalten],
- *to provide a function point count to enable the comparison of functionality delivered by two different suppliers' packages* [um eine Function-Point-Analyse zum Vergleich der Standardsoftware zweier Anbieter zu erhalten]. (CPM 5-2)

In der Praxis ist meist im Vorfeld schon klar, welchen Zweck die Analyse erfüllen soll. Es kann sich dabei um eine frühe Prognose beispielsweise eines Projekts oder aber um die Nachkalkulation handeln. Der Zweck der Analyse wirkt sich in der praktischen Anwendung auf die erforderliche und auch mögliche Genauigkeit aus. Bei einer Nachkalkulation oder einer Basiszählung lässt sich bei sorgfältigem Vorgehen und entsprechendem Aufwand eine vollständige Genauigkeit und Fehlerfreiheit der Analyse erzielen. Bei der Prognose auf der Basis der fachlichen Anforderungen oder eines Fachkonzepts gibt es hingegen immer Spezifikationslücken. Lassen sich diese nicht schließen, so sind für die Analyse entsprechende Annahmen zu treffen, die aber letztlich nicht vom FP-Experten, sondern von den Projektverantwortlichen kommen und verantwortet werden müssen.

3.4.2 Umfang der Analyse

Im nächsten Schritt wird der Umfang der Analyse bestimmt. Der *counting scope* definiert die Funktionalitäten, die in eine Analyse einbezogen werden sollen. Das CPM gibt dafür folgende Bestimmungen vor: Der Umfang der Analyse

- *defines a (sub) set of the software being sized* [definiert die zu analysierende Software oder eine Teilmenge davon],
- *is determined by the purpose for performing the function point count* [wird vom Zweck der Analyse bestimmt],
- *identifies which functions will be included in the function point count so as to provide answers relevant to the purpose for counting* [identifiziert die in der Analyse enthaltenen Funktionen, um Antworten zu geben, die für den Zweck der Analyse relevant sind],
- *could include more than one application* [kann mehr als eine Anwendung enthalten]. (CPM 5-3)

Die Bedeutung der Abgrenzung von Analysen kommt bei Projekten, die mehrere Anwendungen umfassen, zum Tragen. Der Jahrtausendwechsel in der IT-Branche gibt ein drastisches Beispiel dafür ab: Vor dem Jahr 2000 wurden weltweit in Unternehmen Releaseprojekte zur Datumsanpassung ihrer Anwendungen durchgeführt. Die Releasezählung eines solchen Projekts (»Jahr 2000«) hätte alle betroffenen Anwendungen eines Unternehmens beinhaltet.

Wichtig ist: Der Umfang der Analyse ergibt sich grundsätzlich aus dem »Analyseauftrag«, der wiederum z. B. indirekt aus einer Projektbeschreibung des zu bewertenden Projekts resultieren kann. Der FP-Experte dokumentiert den Umfang der Analyse auf der Basis der Informationen, die ihm zu dem Projekt zur Verfügung gestellt werden, und führt die Analyse entsprechend durch.

3.4.3 Anwendungsgrenze

Die Abgrenzung einer Anwendung ergibt sich in der FPA aus fachlichen Überlegungen. Eine Anwendung ist eine zusammengehörende Menge von automatisierten Prozeduren und Daten, die einen Geschäftsprozess unterstützen. Sie besteht aus einer oder mehreren Komponenten, Modulen oder Subsystemen. Häufige Synonyme für Anwendung sind System, Anwendungssystem, IT-System usw.[18]

Mit der Abgrenzung der Analyse muss zwingend die Anwendungsgrenze bestimmt werden. Sie definiert, welche Funktionalitäten zu einer Anwendung gehören und welche nicht. Die folgenden Definitionen aus dem CPM sind hilfreich:

Die Anwendungsgrenze

- *defines what is external to the application* [definiert, was außerhalb der Anwendung liegt],
- *is the conceptual interface between the »internal« application and the »external« user world* [ist die konzeptionelle Schnittstelle zwischen »interner« Anwendung und der »externen« Welt des Anwenders],
- *acts as a »membrane« through which data processed by transactions (EIs, EOs and EQs) pass into and out from the application* [agiert als »Membran«, durch welche Daten über Transaktionen (EIs, EOs und EQs) in die Anwendung hinein- und aus ihr herausgelangen],
- *encloses the logical data maintained by the application (ILFs)* [beinhaltet die von der Anwendung gepflegten logischen Daten (ILFs)],
- *assists in identifying the logical data referenced by but not maintained within this application (EIFs)* [hilft bei der Identifikation der logischen Daten, mit denen die Anwendung arbeitet, die sie aber nicht selbst pflegt (EIFs)],
- *is dependent on the user's external business view of the application. It is independent of technical and/or implementation considerations* [hängt von der Anwendersicht der Anwendung ab. Sie ist unabhängig von technischen und/oder implementationsbezogenen Gesichtspunkten]. (CPM 5-4)

Die Bestimmung der Anwendungsgrenze ist deshalb so notwendig, weil nur dadurch bei der Analyse korrekt zwischen internen Datenbeständen und Refe-

---

18. Zu diesem und anderen in der FPA verwendeten Begriffen siehe auch den Anhang »IFPUG Glossary« des CPM. Eine Übersetzungstabelle dieser Begriffe finden Sie im Anhang dieses Buches.

renzdatenbeständen unterschieden werden kann. Auch die Identifikation der Transaktionen kann nur entlang der Anwendungsgrenze erfolgen.

Bei der Definition der *application boundary* wird explizit auf die Anwendersicht eingegangen. Eine Abgrenzung erfolgt nicht aus technischen Erwägungen, sondern immer nur aus fachlich-logischer Sicht des Anwenders einer Software! Ein Anwender im Sinne der FPA ist eine Person, die mit der Fachlichkeit der zu zählenden Software vertraut ist. Die Festlegung der Anwendungsgrenze kann also letztlich nur sicher durch einen bzw. in Abstimmung mit einem entsprechend mit der Fachlichkeit der Anwendung vertrauten Experten vorgenommen werden.

Betrachten wir eine Anwendung, die aus zwei technisch unterschiedlichen Modulen besteht – einem Mitarbeiterinformationssystem, bestehend aus einer Web-Anwendung und einem Lotus-Notes-Backend zum Beispiel, wie in Abbildung 3–3 dargestellt. Letzteres bietet Administratoren die Möglichkeit der Dateneingabe, während das Frontend den Mitarbeitern online Informationen zur Verfügung stellt. Eine Abgrenzung aus technischer Sicht würde die Anwendung in zwei Teile spalten: Web-Frontend und Datenbank-Backend. Würde diese Abgrenzung bei der Analyse übernommen, beständen zwischen den beiden Modulen Schnittstellen, die das Ergebnis der FPA verfälschten. Da aber die Abgrenzung aus fachlicher Anwendersicht vollzogen wird und ohnehin nur die Funktionalitäten, die der Anwender erkennt, gezählt werden, muss die Grenze letztlich um die gesamte Anwendung gezogen werden. Auch der Zugriff auf das System durch verschiedene Anwendergruppen ist kein Argument, zwei Analysen vorzunehmen. Der fachliche Charakter der Anwendung steht eindeutig im Vordergrund und nicht Benutzergruppen, technische Realisierung oder Alter der Anwendungen bzw. Module.

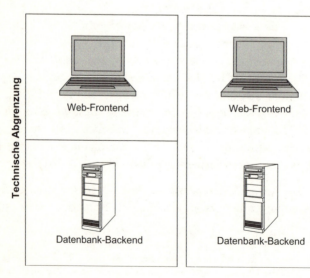

Abb. 3–3 *Abgrenzung*

3.4 Abgrenzung

Die Wichtigkeit dieser Benutzersicht unterstreichen auch die folgenden drei Regeln zur Abgrenzung.

Regeln zur Abgrenzung

- *The boundary is determined based on the user's view. The focus is on what the user can understand and describe.* [Die Sicht des Anwenders bestimmt und definiert die Grenze. Sie richtet sich danach, was der Anwender verstehen und beschreiben kann.]
- *The boundary between related applications is based on separate functional areas as seen by the user, not on technical considerations.* [Die Grenze zwischen zusammenhängenden Anwendungen basiert auf den separaten funktionalen Gebieten, wie sie der Anwender wahrnimmt, nicht auf technischen Überlegungen.]
- *The initial boundary already established for the application or applications being modified is not influenced by the counting scope.* [Die ursprüngliche Anwendungsgrenze, die bereits für die (modifizierte/n) Anwendung/en bestimmt wurde, wird durch den Umfang der Analyse nicht verändert.] (CPM 5-5)

In der Praxis ist die Bestimmung der Anwendungsgrenze nicht immer einfach, doch sollte sich der FP-Experte bemühen, die Grenzen eindeutig zu ermitteln. Gerade bei großen Systemen mit gemischten Anteilen aus Eigen- und Fremdentwicklung oder mit einem auf den ersten Blick nicht unterscheidbaren Gemenge aus technischen und fachlichen Schnittstellen bedarf es ggf. mehrerer Gesprächsrunden, oft auch mit verschiedenen Systemexperten, bis die zu zählende Anwendung mit ihrer Grenze bestimmt ist.

Wenn in einem frühen Stadium im Softwarelebenszyklus analysiert wird, kann es vorkommen, dass eine Anwendungsgrenze sich im Zuge des Entwicklungsprozesses verändert. Hier wird auf die Wichtigkeit der Dokumentation von Analysen hingewiesen: Wurde eine Analyse in einem frühen Stadium (Neuentwicklungsprojekt) ausführlich beschrieben und eine spätere Analyse – nach der Implementierung der Anwendung – durchgeführt und dokumentiert, so kann eine eventuelle Verschiebung der Anwendungsgrenze nachvollzogen werden.

Bei der Bestimmung der Anwendungsgrenze vor Ort ist es ratsam, die Anwendung gemeinsam mit Fachexperten zu skizzieren und ein fachliches Kontextdiagramm zu erstellen, falls dies nicht schon existiert. Dieses sollte die Anwendung mit ihren Schnittstellen grafisch veranschaulichen.

Bei der Frage, welche weiteren Systeme im Kontext der analysierten Anwendung stehen, sind häufig Aussagen wie »Und dann schicken wir die Daten weiter nach D« oder »Die Daten holen wir uns von System F« hilfreich. Oft hilft auch die Frage nach den Datenbeständen. Welche Daten pflegt die Anwendung und auf welche hat sie lediglich lesenden Zugriff?

Meist liegen Konzepte, Dokumentationen oder andere Unterlagen von Softwareprojekten vor. Auch wenn sie nicht auf eine FPA ausgerichtet sind, kann man sie bei Unklarheiten in Bezug auf die Abgrenzung – natürlich auch in Bezug auf andere fachliche Anforderungen – zu Rate ziehen. Da die FPA eine Bewertung ja gerade aus Anwendersicht vornimmt, erweisen sich immer wieder diejenigen Darstellungen als besonders nützlich, die speziell für die Anwender und Auftraggeber angefertigt wurden.

3.5 Das Prinzip des Elementarprozesses

Das Prinzip des Elementarprozesses (*elementary process*) ist das zentrale Element der Function-Point-Analyse und letztlich die wesentliche Voraussetzung, überhaupt den Funktionsumfang quantifizieren zu können.

- *An elementary process is the smallest unit of activity that is meaningful to the user(s).* [Ein Elementarprozess ist die kleinste für den Anwender sinnvolle Aktivität.]
- *The elementary process must be self-contained and leave the business of the application being counted in a consistent state.* [Der Elementarprozess muss in sich selbst abgeschlossen sein und die Anwendung in einem konsistenten Zustand belassen.] (CPM 7-5)

Diese beiden Definitionen, die wir als Atomaritätsprinzip bezeichnen, bedeuten: Es gibt keinen Elementarprozess, der selbst noch einmal weiter zerlegbar wäre. Wenn also eine Anwendung durch die Menge der von ihr dem Anwender zur Verfügung gestellten Elementarprozesse beschrieben wird, so ist die Anzahl dieser Elementarprozesse eindeutig bestimmt.

Hier drängt sich der Einwand auf, dass verschiedene Betrachter hinsichtlich der Kriterien »kleinste für den Anwender sinnvolle Aktivität« und »konsistenter Zustand« zu ganz verschiedenen Einschätzungen kommen könnten. Tatsächlich ist es wichtig, hier das Prinzip der Anwendersicht (*user view*), wie im CPM gefordert, in den Vordergrund zu stellen. Diese Frage muss deshalb aus Sicht des unterstützten Geschäftsprozesses beantwortet werden. Kompetent für die korrekte Beantwortung dieser Frage ist deswegen eher und insbesondere im Zweifelsfall ein Nutzer der Anwendung und nicht ein Softwareentwickler.

Die nächste Frage ist, wie sich ähnliche oder sogar scheinbar gleiche Elementarprozesse unterscheiden lassen. In welchen Fällen müssen sie mehrfach gewertet werden? Hierzu gibt es in den weiteren Definitionen des CPM zu den Elementarprozessen jeweils ein Eindeutigkeitsprinzip, das immer in einer Oder-Verknüpfung formuliert ist. Danach ist ein Elementarprozess dann eindeutig und deshalb zu werten, wenn er sich von allen anderen Elementarprozessen unterscheidet, und zwar entweder

3.5 Das Prinzip des Elementarprozesses

- durch eine besondere Verarbeitungslogik oder
- durch die verarbeiteten Felder der Datenbestände oder
- durch die verarbeiteten Datenbestände selbst.

Ein häufiger Fehler, der vor allem »Anfängern« unterläuft, ist die nicht konsequente Beachtung des Atomaritätsprinzips, der Anwendersicht oder des Eindeutigkeitsprinzips. So wird z. B. fälschlicherweise ein »Bildschirm« oder eine »CICS-Transaktion« als Elementarprozess interpretiert. Oder es werden verschiedene Elementarprozesse, die an der Oberfläche dieselben Bildschirmmasken verwenden, aber die Daten unterschiedlich aufbereiten, nicht entsprechend mehrfach gewertet.

Diese Vorgabe ist an verschiedenen Beispielen leicht verständlich zu machen. Um beispielsweise einen Datensatz anzulegen, müssen die Daten über die Tastatur eingegeben werden. Zur gleichen Zeit werden sie auch auf dem Bildschirm angezeigt. Mit dem Drücken der Enter-Taste oder dem Klick auf einen OK-Button werden die Daten in den Datenspeicher übernommen. Das ist ein einfacher Elementarprozess und zugleich die sinnvoll kleinste Einheit von Aktivitäten.

Ein anderer Elementarprozess wäre das Anzeigen einer Übersichtsliste aller eingegebenen Daten, das Anzeigen der Details eines einzelnen Datensatzes wiederum ein weiterer.

Hilfreich zur Identifikation eines Elementarprozesses ist die Fragestellung, was die Funktion letztendlich erreichen will, welchen Hauptzweck oder welche Intention sie hat. Soll die Funktion Daten ausdrucken, dann kann es vorkommen, dass erst verschiedene Eingaben gemacht werden müssen, um den betreffenden Datensatz auszuwählen. Man könnte jetzt auf die Idee kommen, diese Auswahl der Daten als eine eigene Eingabefunktion zu bewerten. Doch das Ziel der Funktion soll ja das Drucken sein. Würde man hier also den Prozess abbrechen, wäre man nicht an sein Ziel gekommen. Erst die weiteren notwendigen Schritte führen zu dem gewünschten Erfolg – und die Summe dieser Prozesse bzw. Prozessschritte ist ein Elementarprozess.

Wichtig ist, die Zerlegung in die Elementarprozesse tatsächlich bis auf die niedrigste Ebene durchzuführen, und dies, wie gesagt, aus Sicht der Anwender bzw. der Geschäftsprozesse. Es wäre falsch, sich bei dieser Analyse durch die Benutzerführung eines Systems leiten zu lassen, die vielleicht mehrere Elementarprozesse bzw. Arbeitsschritte zu einem Ablauf oder Workflow zusammenfasst.

Ein einfaches Beispiel soll dies verdeutlichen: Um sich einen Datensatz ausdrucken zu können, muss erst eine Übersichtsmaske aller Kunden aufgerufen werden (eigenständiger Elementarprozess: »Anzeige aller Kunden«). Anschließend wird der betreffende Kunde selektiert und seine Detaildaten werden angezeigt (eigenständiger Elementarprozess: »Anzeige Detaildaten«). Jetzt steht erst die Funktion »Drucken« zur Verfügung (eigenständiger Elementarprozess: »Drucken Kundendetaildaten«).

3.6 Datenbestände

Zum Funktionsumfang einer Anwendung zählt die FPA die durch das System verwalteten Datenbestände. Um hier eine Strukturierung und Quantifizierung zu ermöglichen, werden dieselben Anforderungen, nämlich Atomaritätsprinzip, Anwendersicht und Eindeutigkeit, wie an die Identifikation von Elementarprozessen gestellt. Diese Anforderung drückt sich in der folgenden Formulierung aus:

- *The group of data or control information is logical and user identifiable.* [Die Menge von Daten oder Steuerinformationen ist fachlich und für den Anwender sichtbar.] (CPM 6-6)

Ähnlich wie bei der Identifikation der Elementarprozesse darf sich der FP-Experte also auch hier nicht von der technischen Implementierung oder auch nur der Modellierung in einem Datenmodell leiten lassen. Entscheidend ist, ob bestimmte aus Anwendersicht fachlich zusammenhängende Informationen in einer Anwendung verwaltet oder verwendet werden.

In der Praxis existieren zu dieser fachlichen Anwendersicht der Datenbestände in der Regel keine Dokumentationen, da diese meist erst im Zuge der Datenmodellierung entstehen, aber dann nicht mehr unmittelbar die Anwendersicht repräsentieren. In aller Regel bereitet die Identifikation von Datenbeständen entsprechend den Vorgaben des CPM aber keine größeren Probleme, insbesondere wenn zuvor die Elementarprozesse untersucht werden. Häufig finden sich schon in den Bezeichnern der Elementarprozesse deutliche Hinweise auf die zugrunde liegenden Datenbestände (Paradebeispiel: »Kunde anlegen«).

Dazu ein Beispiel: Bei einer einfachen Adressverwaltung kann der Anwender Adressdaten seiner Kunden eingeben, ändern, sich anzeigen lassen und ggf. auch ausdrucken. Ob nun die einzelnen Bestandteile der Adresse (Name, Straßenname, Ort, Postleitzahl, Geburtsdatum usw.) in einzelnen Tabellen oder in einer anderen Struktur abgelegt sind, ist das Thema der technischen Realisierung, nicht aber der FPA. Der Anwender kann eine Gruppe von logisch zusammenhängenden Daten erkennen, nämlich einen Adressdatenbestand.

Jeder identifizierte Datenbestand, sei es ein interner Datenbestand oder ein Referenzdatenbestand, wird für die zu zählende Anwendung jeweils nur einmal gezählt – gleichgültig, wie oft oder wie selten auf diesen Datenbestand zugegriffen wird. Wir verwenden zur Dokumentation und Bezeichnung der Datenbestände auch häufig die in Abbildung 3–4 dargestellten Symbole.

3.6 Datenbestände

Interner Datenbestand
(Internal Logical File – ILF)

Referenzdatenbestand
(External Interface File – EIF)

Abb. 3–4 *Datenbestände und ihre Symbole*

Differenziert wird wie in Abbildung 3–4 dargestellt nach der Art der Verwendung der Datenbestände in der analysierten Anwendung. Einen Datenbestand, der innerhalb der Anwendung selbst gepflegt wird, bezeichnet man als *internal logical file* (ILF) oder interner Datenbestand. Ein Datenbestand, der nur lesend verwendet wird, wird *external interface file* (EIF) oder Referenzdatenbestand genannt.

3.6.1 Interne Datenbestände

Ein interner Datenbestand ist ein Datenbestand, der von der Anwendung selbst gepflegt wird, das heißt, von der Anwendung können die Daten neu eingegeben, bestehende Daten verändert oder bestehende Daten gelöscht werden. Die Definition im CPM lautet:

> *An internal logical file (ILF) is a user identifiable group of logically related data or control information maintained within the boundary of the application. The primary intent of an ILF is to hold data maintained through one or more elementary processes of the application being counted.* [Ein interner Datenbestand ist eine für den Anwender erkennbare Gruppe logisch zusammenhängender Daten oder Steuerinformationen, die innerhalb der Anwendungsgrenze gepflegt werden. Der Hauptzweck eines ILF ist die Speicherung von Daten, die durch einen oder mehrere Elementarprozesse der analysierten Anwendung gepflegt werden.] (CPM 6-3)

Die beiden Bedingungen, die für einen internen Datenbestand gelten müssen, wiederholen im Grunde nur nochmals die Inhalte der Definition. Es müssen beide Bedingungen zutreffen, um einen Datenbestand als internen Datenbestand werten zu können.

> *The group of data or control information is logical and user identifiable.* [Die Menge von Daten oder Steuerinformationen ist fachlich und für den Anwender sichtbar.]
>
> *The group of data is maintained through an elementary process within the application boundary being counted.* [Die Datengruppe wird über einen Ele-

mentarprozess innerhalb der Grenze der zu analysierenden Anwendung gepflegt.] (CPM 6-6)

Mehr Regeln oder Bedingungen für den internen Datenbestand gibt es im CPM nicht.

> Ein interner Datenbestand wird innerhalb der Anwendung gepflegt.

3.6.2 Referenzdatenbestände

Ein Referenzdatenbestand unterliegt fast den gleichen Bestimmungen wie ein interner Datenbestand. Der einzige, aber wesentliche Unterschied besteht darin, dass die Daten eines Referenzdatenbestandes von der zu zählenden Anwendung nicht gepflegt werden. Das heißt, auf einen Referenzdatenbestand hat die Anwendung nur lesenden Zugriff, sie kann die Daten nicht ändern.

- *An external interface file (EIF) is a user identifiable group of logically related data or control information referenced by the application, but maintained within the boundary of another application. The primary intent of an EIF is to hold data referenced through one or more elementary processes within the boundary of the application counted. This means an EIF counted for an application must be an ILF in another application.* [Ein externer Datenbestand (EIF) ist eine für den Anwender erkennbare Gruppe logisch zusammenhängender Daten oder Steuerinformationen, die aber innerhalb der Grenzen einer anderen Anwendung gepflegt werden. Der Hauptzweck eines EIF ist es, Referenzdaten für einen oder mehrere Elementarprozesse der zu analysierenden Anwendung bereitzuhalten. Das heißt, ein Datenbestand, der in einer Anwendung als EIF gezählt wird, muss in einer anderen Anwendung ein ILF sein.] (CPM 6-3)

Die Definition ist äußerst deutlich formuliert und legt fest, dass ein Referenzdatenbestand innerhalb der zu zählenden Anwendung eben nur gelesen, aber nicht gepflegt werden kann. Die Bedingungen, die alle gelten müssen, wiederholen diesen Unterschied.

- *The group of data or control information is logical and user identifiable.* [Die Menge von Daten oder Steuerinformationen ist fachlich und für den Anwender sichtbar.]
- *The group of data is referenced by, and external to, the application being counted.* [Die Menge von Daten wird in der zu analysierenden Anwendung verwendet und liegt außerhalb ihrer Grenzen.]
- *The group of data is not maintained by the application being counted.* [Die Menge von Daten wird nicht von der zu zählenden Anwendung gepflegt.]

3.7 Die Elementarprozesse

> *The group of data is maintained in an ILF of another application.* [Die Menge von Daten wird in einem ILF einer anderen Anwendung gepflegt.] (CPM 6-6)

Wie man sieht, wird im Grunde wiederholt darauf verwiesen, dass die Daten eines Referenzdatenbestandes eben nur gelesen werden. Gerade die letzte Bedingung hilft bei der praktischen Bewertung sehr. Das CPM macht dies auch nochmals im Folgenden deutlich:

> *The primary difference between an ILF and EIF is that an EIF is not maintained by the application being counted, while an ILF is.* [Der grundlegende Unterschied zwischen einem ILF und einem EIF ist der, dass ein EIF nicht von der zu analysierenden Anwendung gepflegt wird, während ein ILF grundsätzlich von ihr gepflegt wird.] (CPM 6-3)

Ein Referenzdatenbestand wird in der analysierten Anwendung nur gelesen, aber auf keinen Fall gepflegt.

3.7 Die Elementarprozesse

Als *transactional functions*, oder wie wir im Deutschen kurz sagen Funktionen, bezeichnet das CPM die Funktionalität, die dem Anwender für die Verarbeitung der Daten in der Anwendung zur Verfügung steht (*the functionality provided to the user for the processing of data by an application* (CPM 7-1)). Dabei werden drei Arten von Funktionen unterschieden: Eingaben, Ausgaben und Abfragen. Wir verwenden zu ihrer Dokumentation und Kennzeichnung die folgenden Symbole:

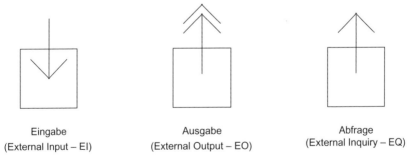

Eingabe (External Input – EI)   Ausgabe (External Output – EO)   Abfrage (External Inquiry – EQ)

Abb. 3–5 *Elementarprozesse und ihre Symbole*

Die Unterscheidung erfolgt anhand des Hauptzwecks (*primary intent*), wie in Abbildung 3–5 dargestellt. Der Hauptzweck einer Eingabe besteht darin, dass Daten in das System hineinkommen, der Hauptzweck einer Ausgabe oder Abfrage ist, dass Daten das System verlassen.

3.7.1 Eingaben

Ein Elementarprozess mit dem Hauptzweck, Daten in das System einzugeben, wird als Eingabe oder *external input*, kurz EI, bezeichnet. Beispiele für Eingaben können sein:

- die Eingabe von Daten über die Tastatur eines PCs,
- die Einspielung von Daten über eine CD-ROM oder DVD,
- das Einlesen von EC-Kartendaten am Lesegerät eines Geldautomaten.

Primary intent

Das CPM gibt für die Eingabe als Hauptzweck folgende Definition vor:

- *The primary intent of an elementary process is to maintain an ILF or alter the behaviour of the system.* [Der Hauptzweck eines Elementarprozesses ist es, einen internen Datenbestand zu pflegen oder das Systemverhalten zu ändern.] (CPM 7-11)

Das heißt, alle Daten, die die Anwendung von außen her erreichen, müssen einen entsprechenden internen Datenbestand besitzen. Ist beispielsweise die Erfassung von Adressdaten in der Anwendung möglich, muss neben der Eingabe mit der Bezeichnung »Erfassen der Adresse« auch ein interner Datenbestand »Adressendatenbestand« vorhanden sein und gezählt werden.

Eine Ausnahme stellt die Veränderung des Systemverhaltens dar. Hier gibt das Verfahren vor, dass auch solche Eingaben gezählt werden, die keinen eigenen Datenbestand haben, aber das Systemverhalten beeinflussen. Besteht beispielsweise die Möglichkeit, sich die Dialoge der Anwendung in mehreren Sprachen anzeigen zu lassen, so gilt die Auswahl einer Sprache als die Eingabe von Steuerinformationen. Diese Funktion »Auswahl der Sprache« wird als Eingabe gewertet, jedoch wird Steuerinformationen grundsätzlich kein interner Datenbestand zugeordnet. Steuerinformationen dürfen allerdings nur insofern berücksichtigt werden, als sie auch aus Anwendersicht eine fachliche Bedeutung haben.

Zählregeln

Die genaue Definition der Eingabe findet sich in der ersten Regel:

- *The data or control information is received from outside the application boundary.* [Die Daten oder Steuerinformationen stammen von außerhalb der Anwendungsgrenze.]
- *At least one ILF is maintained if the data entering the boundary is not control information that alters the behaviour of the system.* [Mindestens ein ILF wird gepflegt, falls die Daten, die die Anwendungsgrenze überqueren, keine Steuerinformationen sind, die das Systemverhalten verändern.] (CPM 7-11)

3.7 Die Elementarprozesse

Diese Regeln sind eindeutig, werden aber für die Abgrenzung von Ausgaben und Abfragen später nochmals gebraucht. Zusätzlich zu diesen beiden Regeln, die bei einer Eingabe immer gelten müssen, schreibt die FPA vor, dass nun noch mindestens eine der folgenden drei Bedingungen gelten muss. Erst dann kann die identifizierte Funktion im Sinne des Verfahrens als Eingabe gezählt werden.

- *Processing logic is unique from the processing logic performed by other external inputs for the application.* [Die Verarbeitungslogik ist einzigartig gegenüber anderen Eingaben der Anwendung.]
- *The set of data elements identified is different from the sets identified for other external inputs for the application.* [Es werden andere Datenfelder verwendet als in anderen Eingaben der Anwendung.]
- *The ILFs or EIFs referenced are different from the files referenced by other external inputs in the application.* [Es werden andere Datenbestände verwendet als in anderen Eingaben der Anwendung.] (CPM 7-11)

Die erste Bedingung besagt, dass die Einmaligkeit der Funktion gewährleistet sein muss. In vielen Anwendungen kommt es vor, dass man in unterschiedlichen Prozessen auf beispielsweise einen Adressbestand zugreifen kann, den man auch dann direkt ändern kann. Da aber das Eingeben einer Adresse immer die gleiche Funktionalität innerhalb dieser Anwendung ist, wird es eben auch nur einmal gezählt. (Es wird ja auch unberücksichtigt gelassen, wie oft man das tut, also wie viele Datensätze man eingibt.)

Die zweite Bedingung unterstützt den Einmaligkeitsanspruch einer jeden Funktion. Werden bei einer Eingabefunktion die gleichen Datenelemente bzw. Datenfelder benutzt wie bei einer zweiten, ist der Verdacht groß, dass es sich um ein und dieselbe Funktion – ggf. nur an anderem Ort oder mit anderem Aussehen – handelt. Dann darf diese Funktion natürlich nicht noch einmal gezählt werden. Unterscheiden sich aber die Datenelemente, dann ist das ein guter Hinweis, dass es sich um verschiedene Funktionen handelt.

Die dritte Bedingung ist sozusagen eine weitere Absicherung der Einmaligkeitsregel. Sie geht weder von der Verarbeitungslogik noch von den Datenelementen aus, sondern schaut nach den betroffenen Datenbeständen. In seltenen Fällen kann es vorkommen, dass zwei Eingaben sich sehr ähneln und man nur anhand der Datenbestände Unterschiede feststellen kann. Dann greift diese Regel und die Funktion ist zu zählen.

Abbildung 3–6 fasst die Regeln für die Identifikation einer Eingabe noch einmal zusammen.

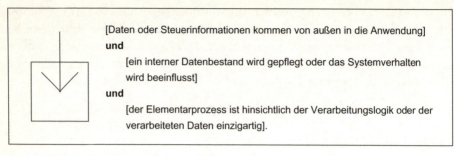

Abb. 3–6 *Regeln für die Identifikation einer Eingabe*

3.7.2 Ausgaben

Als Ausgaben werden all jene Elementarprozesse definiert, bei denen Daten die Anwendung verlassen, sei es als Anzeige auf einem Bildschirm, als Ausdruck auf Papier oder als Ausgabe auf einen anderen Datenträger (Magnetband, CD u. a.).

Primary intent

- *The primary intent of the elementary process is to present information to a user.* [Der Hauptzweck des Elementarprozesses ist es, dem Anwender Informationen zu präsentieren.] (CPM 7-12)

Auch diese Grundregel ist einfach und logisch. Wie bei den Eingaben gibt es aber noch zusätzliche Regeln.

Zählregeln

Zu Beginn die Regel, die auf alle Fälle gelten muss, um eine Funktion als Ausgabe zählen zu können.

- *The function sends data or control information external to the application boundary.* [Die Funktion schickt Daten oder Steuerinformationen über die Anwendungsgrenze.] (CPM 7-12)

Werden also Daten beispielsweise auf den Bildschirm oder auf dem Drucker ausgegeben, was ja eine Überschreitung der Anwendungsgrenze darstellt, wird eine Ausgabe gezählt. Es muss aber bei jeder Ausgabe auch noch mindestens eine der folgenden Bedingungen zutreffen. Sie gleichen denen der Eingabe.

- *Processing logic is unique from the processing logic performed by other external outputs for the application.* [Die Verarbeitungslogik ist einzigartig gegenüber anderen Ausgaben der Anwendung.]

- *The set of data elements identified is different from the sets identified for other external outputs in the application.* [Die identifizierten Datenelemente unterscheiden sich von denen anderer Ausgaben der Anwendung.]
- *The ILFs or EIFs referenced are different from the files referenced by other external outputs in the application.* [Die verwendeten ILFs oder EIFs unterscheiden sich von den Datenbeständen anderer Ausgaben der Anwendung.] (CPM 7-12)

Wie schon bei der Eingabe beschreiben diese Bedingungen die Unterscheidbarkeit oder Einmaligkeit von identifizierten Ausgaben.

Doch im Gegensatz zur Eingabe gibt es für die Ausgabe weitere Bedingungen, die sie eindeutig bestimmen. Von diesen vier Bedingungen muss wiederum mindestens eine gelten. Diese Bedingungen sind wichtig für die Abgrenzung zur Abfrage.

- *The processing logic of the elementary process contains at least one mathematical formula or calculation.* [Die Verarbeitungslogik des Elementarprozesses enthält mindestens eine mathematische Formel oder Berechnung.]
- *The processing logic of the elementary process creates derived data.* [Die Verarbeitungslogik des Elementarprozesses erzeugt abgeleitete Daten.]
- *The processing logic of the elementary process maintains at least one ILF.* [Die Verarbeitungslogik des Elementarprozesses pflegt mindestens einen ILF (internen Datenbestand).]
- *The processing logic of the elementary process alters the behaviour of the system.* [Die Verarbeitungslogik des Elementarprozesses verändert das Systemverhalten.] (CPM 7-12)

Die erste Bedingung schreibt vor, dass immer nur dann ein Elementarprozess als Ausgabe bewertet werden kann, wenn die Ausgabe etwas »Berechnetes« oder, wie in der nachfolgenden Bedingung genannt, abgeleitete Daten beinhaltet. Unter einer Berechnung oder Ableitung versteht man alles, was nicht den Datensatz einfach nur spiegelt.

Kann sich der Sachbearbeiter einer Bank die aktuellen Kundendaten nebst aktuellem Kontostand ansehen, so gilt dies als Ausgabe, wenn man davon ausgehen kann und muss, dass der Saldo aktuell berechnet wurde. Kann sich eine Sachbearbeiterin einer anderen Bank dagegen nur die im internen Datenbestand abgelegten Kundendaten anzeigen lassen (Name, Adresse, Kontonummer), so könnte davon ausgegangen werden, dass hier keine Berechnungen oder Ableitungen stattfinden.

Aber in diesen einfachen Beispielen steckt die Tücke im Detail, denn kann sich die Sachbearbeiterin einer Krankenversicherung die Daten eines Versicherten (Name, Adresse, Versicherungsnummer) am Bildschirm ausgeben lassen, muss überprüft werden, ob die Versicherungsnummer, wie bei manchen Krankenkassen, sich aus Buchstaben des Nachnamens, aus Zahlen des Geburtsdatums und einer laufenden Nummer zusammensetzt. Ist dies bei der Anzeige der Fall, wäre eine Ausgabe zu zählen, da hier eine Ableitung von Daten vorliegt.

Die letzte der oben aufgeführten Bedingungen bedeutet, dass eine Ausgabe das Verhalten des Systems verändern kann. Das ist beispielsweise dann der Fall, wenn mit einem Ausdruck im System eine Datenbestandsänderung vorgenommen wird, die verhindert, dass der gleiche Ausdruck nochmals getätigt werden kann. Als praktisches Beispiel mag der Kontoauszugsdrucker dienen. Ist einmal ein Kontoauszug gedruckt, kann derselbe normalerweise nicht wieder gedruckt werden, da sich das System den Ausdruck »gemerkt« hat.

Auch bei der Ausgabe können sowohl fachliche Daten wie auch Steuerinformationen die Anwendung verlassen. Ein Beispiel für Steuerinformationen bei der Eingabe war das Ändern der Sprache. Auch das Login kann als Steuerinformation aufgefasst werden, weil sich durch das Login das Systemverhalten ändert. Bei der Ausgabe sind solche Steuerinformationen ebenfalls denkbar, kommen aber in der Praxis selten vor.

Abbildung 3–7 fasst die Regeln für die Identifikation einer Ausgabe noch einmal zusammen.

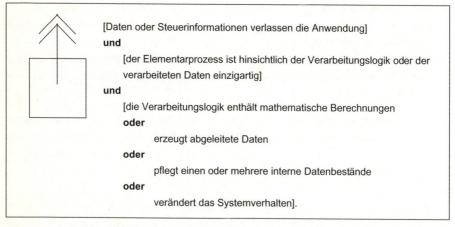

Abb. 3-7 *Regeln für die Identifikation einer Ausgabe*

3.7.3 Abfragen

Der letzte der drei Elementarprozesse ist die Abfrage, *external inquiry*. Sie ist im Grunde eine vereinfachte Ausgabe. Die Abfrage grenzt sich von der Ausgabe dadurch ab, dass sie keine berechneten oder abgeleiteten Daten beinhaltet. Die Nähe zur Ausgabe wird auch schon dadurch deutlich, dass nach dem CPM Abfrage und Ausgabe den gleichen Hauptzweck besitzen und dass auch die ersten beiden Identifikationsregeln identisch sind.

3.7 Die Elementarprozesse

Primary intent

- *The primary intent of the elementary process is to present information to a user.* [Der Hauptzweck des Elementarprozesses ist es, dem Anwender Informationen zu präsentieren.] (CPM 7-12)

3.7.4 Zählregeln

Die Zählregeln gleichen denen der Ausgabe:

- *The function sends data or control information external to the application boundary.* [Die Funktion schickt Daten oder Steuerinformationen über die Anwendungsgrenze.] (CPM 7-12)

Auch die weiteren Regeln gleichen denen der Ausgabe, wobei auch hier gilt, dass mindestens eine davon erfüllt sein muss:

- *Processing logic is unique from the processing logic performed by other external inquiries for the application.* [Die Verarbeitungslogik ist einzigartig gegenüber anderen Abfragen der Anwendung.]
- *The set of data elements identified is different from the sets identified for other external inquiries in the application.* [Die identifizierten Datenelemente unterscheiden sich von denen anderer Abfragen der Anwendung.]
- *The ILFs or EIFs referenced are different from the files referenced by other external inquiries in the application.* [Die verwendeten ILFs oder EIFs unterscheiden sich von den Datenbeständen anderer Abfragen der Anwendung.] (CPM 7-12)

Der wesentliche Unterschied zur Ausgabe besteht aber in den folgenden fünf Bedingungen. Alle diese fünf Bedingungen müssen erfüllt sein. Sollte das nicht der Fall sein, ist zu überprüfen, ob es sich nicht doch um eine Ausgabe handelt.

- *The processing logic of the elementary process retrieves data or control information from an ILF or EIF.* [Die Logik des Elementarprozesses bezieht Daten oder Steuerinformationen von einem ILF oder EIF.]
- *The processing logic of the elementary process does not contain a mathematical formula or calculation.* [Die Logik des Elementarprozesses enthält keine mathematische Formel oder Berechnung.]
- *The processing logic of the elementary process does not create derived data.* [Die Logik des Elementarprozesses erzeugt keine abgeleiteten Daten.]
- *The processing logic of the elementary process does not maintain an ILF.* [Die Logik des Elementarprozesses pflegt keinen ILF.]
- *The Processing logic of the elementary process does not alter the behaviour of the system.* [Die Logik des Elementarprozesses verändert nicht das Systemverhalten.] (CPM 7-13)

Diese Bedingungen zeigen deutlich die Abgrenzung zur Ausgabe. War es für die Ausgabe eine notwendige Bedingung, dass eine Berechnung oder Ableitung von Daten vorhanden sein musste, ist es bei der Abfrage gerade das Gegenteil. Es darf nichts berechnet und nichts abgeleitet sein, sondern die Daten dürfen nur angezeigt werden.

Abbildung 3–8 fasst die Regeln für die Identifikation einer Abfrage noch einmal zusammen.

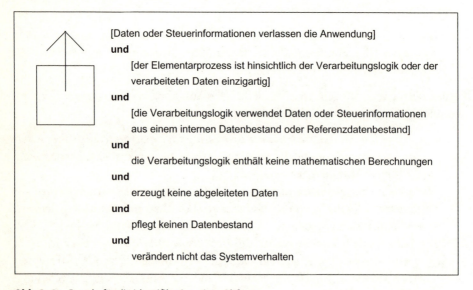

Abb. 3–8   *Regeln für die Identifikation einer Abfrage*

3.8   Komplexitätsregeln

Grundlegend bei der FPA ist die Identifizierung der einzelnen unterschiedlichen Funktionen und Datenbestände. Die Summe der Anzahl der Funktionen und Datenbestände reicht zunächst aus, um den Funktionsumfang grob zu bestimmen.

Darüber hinaus ermöglicht das Verfahren, die Funktionen und Datenbestände zu gewichten. Das CPM spricht hier von der Komplexität (*complexity*), ein Begriff, der im Deutschen häufig irrtümlicherweise mit »Kompliziertheit« gleichgesetzt wird. Letzteres ist eine sehr subjektive Kategorie, die Komplexität dagegen lässt sich objektivieren.

In der FPA geschieht dies über die Betrachtung der Anzahl der Datenbestände und Felder, die durch einen Elementarprozess betroffen sind. Analog werden für Datenbestände die Anzahl der »Feldgruppen« und Felder untersucht.

Was auch aus Anwendersicht erkennbar ist, ist die Anzahl der Ein- und Ausgabefelder eines Elementarprozesses sowie die Anzahl der betroffenen Daten-

3.8 Komplexitätsregeln

bestände. Diese Größen werden als Maß genommen, um Elementarprozesse wie Datenbestände in drei Gewichtungsstufen einordnen zu können:

- niedrige Komplexität (*low complexity*),
- mittlere Komplexität (*average complexity*) und
- hohe Komplexität (*high complexity*).

Jeder dieser Stufen wird je Funktionsart und je Datenbestandstyp ein eigener Function-Point-Wert zugewiesen. Für eine Eingabe sind dies z. B.:

- *low* – 3 Function Points,
- *average* – 4 Function Points,
- *high* – 6 Function Points.

3.8.1 Komplexität der Elementarprozesse

Die Komplexität der drei Funktionstypen wird anhand der Anzahl der Datenfelder (*data element type* – DET) und der referenzierten Datenbestände (*file type referenced* – FTR) bestimmt. Das CPM definiert ein DET wie folgt:

- *A data element type is a unique user recognizable, non-repeated field.* [Ein Datenelement ist ein einzigartiges, vom Anwender erkennbares, nicht wiederholtes Feld.] (CPM 7-13)

Das heißt, jedes Feld, in das der Anwender beispielsweise einen Eintrag machen kann, wird als DET gezählt. Beim Anlegen eines neuen Mitarbeiters in einer Personalabrechnungsanwendung werden u. a. folgende Daten eingegeben: Nachname, Vorname, Straße, Ort, Telefon, Geburtsdatum usw. Jedes dieser Felder ist als jeweils ein DET zu zählen. Ebenfalls werden jene Buttons als DETs gezählt, die benötigt werden, um innerhalb eines Elementarprozesses einen erfolgreichen Abschluss zu erzielen. In unserem Beispiel gibt es die Schaltfläche »Speichern«, womit der Datensatz in das System übernommen wird. Diese Schaltfläche muss auch gezählt werden.

Schaltflächen oder Buttons, die nur der Navigation dienen, werden nicht als DETs bewertet. Mit Navigation sind dabei Funktionen des Systems gemeint, die der Benutzerführung dienen, aber keine Elementarprozesse im Sinne der FPA sind.

Neben den DETs werden zusätzlich auch die FTRs identifiziert und gezählt. Das CPM definiert FTRs folgendermaßen:

- *An internal logical file read or maintained by a transactional function.* [Ein interner Datenbestand, der von einer Transaktion gelesen oder gepflegt wird.]
- *An external interface file read by a transactional function.* [Ein Referenzdatenbestand, der von einer Transaktion gelesen wird.] (CPM 7-13)

Kurz gesagt, es müssen die internen Datenbestände und Referenzdatenbestände identifiziert werden, die von der Funktion betroffen sind. In unserem obigen kleinen Beispiel ist nur ein Datenbestand (»Mitarbeiter«) betroffen, so dass auch nur ein FTR zu zählen ist. Bei großen und komplizierten Anwendungen kann sich beispielsweise eine Eingabe auf zwei oder gar drei und mehr interne Datenbestände beziehen. Hier wären dann natürlich zwei, drei oder mehrere FTRs zu zählen.

Für alle drei Funktionstypen und die Datenbestände gibt es eine eigene Tabelle, aus der man ablesen kann, ob die Funktion als niedrig (*low*), mittel (*average*) oder hoch (*high*) einzustufen ist. Diese sind in den folgenden Tabellen 3–1, 3–2 und 3–3 dargestellt.

Eingabe	Anz. Datenelemente (DETs)		
	1-4	5-15	>=16
Anz. Datenbestände (FTRs) 0-1	3	3	4
2	3	4	6
>=3	4	6	6

Tab. 3–1   *Function-Point-Werte für Eingaben[19]*

Hat man bei einer Eingabe 9 DETs gezählt und 1 FTR, hat diese Funktion eine niedrige Komplexität und wird mit 3 FPs bewertet. Würde dagegen eine andere Funktion 12 DETs besitzen, die zwei FTRs betreffen, wäre die Komplexität »mittel« und mit 4 FPs zu bewerten und eine Eingabe mit 22 DETs und ebenfalls 2 FTRs demnach mit hoher Komplexität und 6 FPs.

Analog wird die Komplexität von Ausgabe und Abfrage nach folgenden Tabellen ermittelt.

---

19. Diese Tabellen finden sich im CPM Part 1 auf den Seiten 7-21 bis 7-23.

3.8 Komplexitätsregeln

Ausgabe		Anz. Datenelemente (DETs)		
		1-5	6-19	>=20
Anz. Datenbestände (FTRs)	0-1	4	4	5
	2-3	4	5	7
	>=4	5	7	7

Tab. 3–2   Function-Point-Werte für Ausgaben

Abfrage		Anz. Datenelemente (DETs)		
		1-5	6-19	>=20
Anz. Datenbestände (FTRs)	0-1	3	3	4
	2-3	3	4	6
	>=4	4	6	6

Tab. 3–3   Function-Point-Werte für Abfragen

Für die Komplexitätsstufen von Eingabe und Abfrage gibt es zwar die gleichen Punktzahlen, jedoch sind die Bewertungskriterien verschieden, während die Bewertungskriterien für Ausgabe und Abfrage dieselben sind, sich aber die Punktzahlen unterscheiden.

Zählt man Function Points mit diesen Komplexitätsregeln, muss man auf eine Besonderheit achten. Abfragen sind ja sozusagen eine einfache Kombination von Eingabe und Ausgabe. Es müssen also sowohl die DETs für die Eingabe als auch die DETs der Ausgabe gezählt werden. Es ist darauf zu achten, dass übereinstimmende Felder jeweils nur einmal gezählt werden dürfen. Will man sich beispielsweise in einer Adressverwaltung alle Adressen aus einer bestimmten Stadt anzeigen lassen, so gibt man als Suchkriterium den »Ortsnamen« ein (= ein DET). In der Anzeige erhält man dann »Name«, »Straße«, »PLZ«, »Ort« und »Telefonnummer«, was insgesamt auf der Abfrageseite fünf DETs wären. Man darf nun nicht das eine DET der Sucheingabe (»Ort«) zu diesen fünf DETs hinzurechnen, da ja »Ort« ansonsten zweimal gezählt werden würde. Hinzu käme aber noch ein DET für das Auslösen der Aktion.

Andererseits: Gibt man als Suchkriterium »Name« ein und erhält auf der Ausgabenseite »Straße«, »PLZ«, und Ort«, ergäbe das insgesamt auch fünf DETs, ein DET für die Eingabeseite, drei für die Ausgabeseite und eines für die Aktion an sich.

3.8.2 Komplexität der Datenbestände

Bei der Bestimmung der Komplexität der Datenbestände verhält es sich sehr ähnlich. Hier werden ebenfalls die DETs gezählt, doch im Unterschied zu den Funktionen keine FTRs, sondern *record element types* (RETs). Die Definition eines DETs ist dieselbe wie bei den Funktionen, die Definition eines RET dagegen lautet:

- *A record element type (RET) is a user recognizable subgroup of data elements within an ILF or EIF. There are two types of subgroups:*
    Optional
    Mandatory
    Optional subgroups are those that the user has the option of using one or none of the subgroup during an elementary process that adds or creates an instance of the data.
    Mandatory subgroups are subgroups where the user must use at least one.
    [Eine Feldgruppe (RET) ist eine für den Anwender erkennbare Untergruppe von Datenelementen innerhalb eines ILF oder EIF. Es gibt zwei Arten von Untergruppen:
    optional
    Pflicht
    Bei optionalen Untergruppen kann der Anwender wählen, ob er eine oder keine der Untergruppen bei einem Elementarprozess benutzt, der eine Instanz der Daten hinzufügt oder erzeugt. Pflicht-Untergruppen sind Untergruppen, von denen der Anwender mindestens eine benutzen muss.] (CPM 6-9)

Kurz gesagt, handelt es sich bei Feldgruppen also um Untergruppen von Datenelementen eines Datenbestandes, die vom Anwender identifiziert werden können.

Beispielsweise werden in einer Anwendung die Daten von Versicherungsvertretern gespeichert. Nun gibt es Versicherungsvertreter, die mit der Versicherung einen festen Angestelltenvertrag haben, und Vertreter, die für die Versicherung frei arbeiten. Für den angestellten Versicherungsvertreter werden fast die gleichen Daten aufgenommen wie für den freien Mitarbeiter, doch gibt es Unterschiede in der Bezahlung. Der Angestellte bekommt ein festes Gehalt, ggf. mit einer Umsatzbeteiligung, der freie Mitarbeiter bekommt Provisionen für seine abgeschlossenen Verträge. Hier hätte man einen internen Datenbestand mit zwei Untergruppen.

3.8 Komplexitätsregeln

Zusätzlich zu den Feldgruppen hat man wie bei den Funktionen die Datenfelder zu zählen, also wie viele verschiedene Datenelemente ein Datenbestand enthält. Bei den Tabellen 3–4 und 3–5 wird man gleich sehen, dass im Unterschied zu den Funktionen die Kategorien weiter gefasst wurden, da auf einen Datenbestand ja mit mehreren Funktionen zugegriffen werden kann und daher die Anzahl der Datenfelder in der Regel höher ist als in einem einzelnen Elementarprozess.

Interner Datenbestand		Anz. Datenelemente (DETs)		
		1-19	20-50	>=51
Anz. Feldgruppen (RETs)	1	7	7	10
	2-5	7	10	15
	>=6	10	15	15

Tab. 3–4 *Function-Point-Werte von internen Datenbeständen*

Referenzdaten		Anz. Datenelemente (DETs)		
		1-19	20-50	>=51
Anz. Feldgruppen (RETs)	1	5	5	7
	2-5	5	7	10
	>=6	7	10	10

Tab. 3–5 *Function-Point-Werte von Referenzdatenbeständen*

Die Punkte für den internen Datenbestand sind höher als für den Referenzdatenbestand. Das erklärt sich dadurch, dass diese Datenbestände in der eigenen Anwendung gepflegt werden und bei Erstellung und Pflege einen höheren Aufwand verursachen als die Referenzdatenbestände, die nur gelesen werden (und in einer anderen Anwendung gepflegt werden, wo sie als interner Datenbestand zu werten sind).

Bei unserem obigen kleinen Versicherungsvertreter-Beispiel kämen wir, wenn wir davon ausgehen, dass der interne Datenbestand 45 DETs enthält, auf den Komplexitätsgrad »mittel« mit 10 FPs, da zwei RETs gezählt wurden.

3.9 Wertfaktor

Soweit wir die Function-Point-Analyse bis hierhin kennen gelernt haben, bestimmt sie den funktionalen Leistungsumfang einer Anwendung anhand rein quantitativer Merkmale.

Bei den ersten Definitionen der FPA hatte man noch das Ziel und die Hoffnung, einen zu erwartenden Projektaufwand im Sinne der IBM-Kurve (vgl. Abschnitt 2.2) unmittelbar aus dem FP-Wert ableiten zu können. Es liegt aber auf der Hand, dass hierzu neben den rein quantitativen auch qualitative Leistungsmerkmale der Anwendung berücksichtigt werden müssen. Dies ist der historische Hintergrund für die Definition der allgemeinen Systemmerkmale (*general system characteristics* – GSC) und des daraus berechneten Wertfaktors (*value adjustment factor* – VAF). Mit dem Wertfaktor soll der FP-Wert sozusagen »justiert« werden. Demzufolge bezeichnet die FPA den rein quantitativ ermittelten Wert als *unadjusted* oder kurz uFP. Der justierte oder *adjusted* FP-Wert, kurz aFP, ergibt sich wie folgt:

$$aFP = VAF * uFP$$

Der Wertfaktor VAF wird anhand der folgenden 14 allgemeinen Systemmerkmale bestimmt:

- *Data Communications* [Datenkommunikation]
- *Distributed Data Processing* [Verteilte Verarbeitung]
- *Performance* [Leistungsanforderungen]
- *Heavily Used Configuration* [Ressourcennutzung]
- *Transaction Rate* [Transaktionsrate]
- *Online User Interface* [Online-Benutzerschnittstelle]
- *End-User Efficiency* [Anwenderfreundlichkeit]
- *Online Update* [Onlineverarbeitung]
- *Complex Processing* [Komplexe Verarbeitung]
- *Reusability* [Wiederverwendbarkeit]
- *Installation Ease* [Migrations- und Installationshilfen]
- *Operational Ease* [Betriebshilfen]
- *Multiple Sites* [Mehrfachinstallationen]
- *Facilitate Change* [Änderungsfreundlichkeit]

Verschiedene Systemmerkmale wie z. B. Onlineverarbeitung sind heute nur noch in dem erwähnten historischen Kontext verständlich.

3.9 Wertfaktor

Der Einfluss dieser Systemmerkmale auf die Anwendung wird anhand einer fünfstufigen Skala (»kein Einfluss« bis »hoher Einfluss«) bewertet. Die Kriterien hierfür werden in den Abschnitten 3.9.1 bis 3.9.14 aufgeführt. Für jedes Systemmerkmal kann sich ein Wert zwischen 0 (kein Einfluss) und 5 (hoher Einfluss) ergeben, so dass die Punktsumme der bewerteten Systemmerkmale zwischen 0 und 70 liegt. Diese Summe wird als gesamter Einflussfaktor oder *total degree of influence* (TDI) bezeichnet. Der VAF wird dann nach folgender Formel berechnet:

VAF = TDI * 0,01 + 0,65

Hat man einen TDI von beispielsweise 53 bestimmt, ergibt sich folgender VAF:

VAF = 53 * 0,01 + 0,65
VAF = 0,53 + 0,65
VAF = 1,18

Rechnerisch kann der VAF zwischen 0,65 (TDI = 0) und 1,35 (TDI = 70) liegen. In der Praxis bewegt er sich meist in einem Bereich etwa zwischen 0,80 und 1,25.

Gehen wir von einer Anwendung aus, die zum Beispiel einen Umfang von 355 uFPs und einen VAF von 1,18 hat, dann erhält man:

aFP = 355 * 1,18
aFP = 418,9

Die Stelle hinter dem Komma wird in der FPA grundsätzlich aufgerundet, so dass man einen aFP-Wert von 419 erhält.

Der Wertfaktor wird heute in der Praxis so gut wie nicht mehr verwendet. Seine Kritiker führen vor allem ins Feld, dass die Systemmerkmale durch die technologische Entwicklung überholt sind. Ein weiteres grundlegendes Argument gegen die Verwendung des Wertfaktors ist, dass damit in der Bewertung eine »Vermischung« quantitativer und qualitativer Merkmale stattfindet, die im Grunde wenig Erkenntnisse liefert.

Dazu ein Beispiel: Die Größe einer Wohnung wird in Quadratmetern angegeben, unabhängig von Lage und Ausstattung. Selbst bei einer schönen Wohnung in guter Lage käme niemand auf die Idee, die Größenangabe mit einem Faktor zu verändern, um deutlich zu machen, dass die Wohnung gut liegt. Das eine ist die Größe, das andere ein Qualitätsmerkmal, die beide getrennt voneinander zu betrachten sind. Erst bei der Ermittlung des Miet- oder Kaufpreises werden die qualitativen Merkmale ins Spiel gebracht.

Auch aus methodischer Sicht bringt der Wertfaktor oft keinen Nutzen: Hat man sich für Function Points als Ausgangsgröße für die Aufwandsschätzung von Softwareprojekten entschieden und nutzt man zur Aufwandsschätzung Prognoseverfahren wie beispielsweise COCOMO (vgl. Abschnitt 7.4), dann würden bei Zugrundelegung der gewichteten Function Points bestimmte qualitative Faktoren

– unnötigerweise und falsch – sogar doppelt bewertet. Da gerade COCOMO wesentlich mehr qualitative Einflussfaktoren auf den Aufwand offeriert, liegt es nahe, auf die Einbeziehung des Wertfaktors zu verzichten und ausschließlich mit ungewichteten Function Points zu arbeiten. Andererseits verwenden andere Schätztools, wie z. B. KnowledgePLAN® (vgl. Abschnitt 7.5.1), auch heute noch den justierten FP-Wert.

Nach unserer Erfahrung arbeiten die meisten FP-Experten, uns eingeschlossen, heute deshalb mit ungewichteten Function Points, ohne dies jeweils ausdrücklich zu erwähnen. Sie sollten beim Vergleich von FP-Werten also immer nachfragen, ob diese justiert oder unjustiert sind, und eventuell mit Zu- und Abschlägen von bis zu etwa 20 % rechnen.

Die Systemmerkmale und den Wertfaktor müssen Sie also kennen, selbst wenn Sie sie vielleicht auch nicht verwenden werden. Wir beschreiben diese deshalb in den folgenden Abschnitten. Im CPM finden sich diese auf den Seiten 8-1 bis 8-30. Dort werden auch weitere Hinweise und Hilfestellungen zur Bewertung gegeben.

In unseren Erläuterungen geben wir Beispiele zur Einstufung für die jeweiligen Systemmerkmale und verwenden dafür die folgenden Anwendungskategorien:

- Offlineanwendungen: Batchanwendungen, Listenerstellung
- Backoffice-Anwendungen: Managementinformationssysteme (MIS), Sachbearbeitersysteme wie Personalverwaltung, Lagerverwaltung usw.
- Frontoffice-Anwendungen: Anwendungen im Schalterbereich, Vertriebsanwendungen
- Selbstbedienungssysteme: Geldautomaten, Kontoauszugsdrucker, Fahrkartenautomaten usw.
- Internet-Endkundenanwendung: Onlineshops, Onlinebanking usw.

3.9.1 Datenkommunikation

Datenkommunikation beschreibt die Art und Weise der Kommunikation von Frontend (Datenerfassung und -ausgabe) und Backend oder *processor* (Speicherung und Verarbeitung der Daten) in einer Anwendung. Dabei wird als Frontend jede Art von Ein- und Ausgabeendgeräten (Drucker, Terminal, PC, ATM usw.) verstanden, die dem Anwender außerhalb des Rechenzentrums zur Verfügung stehen bzw. die nicht direkt und fest mit einem Rechner verbunden sind. Ein über eine parallele oder USB-Schnittstelle an einen PC angeschlossener Drucker würde also nicht als Frontend zählen, wohl aber ein über ein Netzwerk angeschlossener Drucker.

Dieses Systemmerkmal zielt auf klassische Rechenzentrums- oder Mainframe-zentrierte Anwendungen, die etwa unter einem MVS-Betriebssystem und, falls es sich um eine Onlineanwendung handelt, unter einem TP-Monitor wie

3.9 Wertfaktor

CICS oder IMS laufen. Für diese Anwendungen ist dieses Systemmerkmal auch sinnvoll in seiner ganzen Breite anzuwenden. Für Anwendungen, die auf moderneren Plattformen (PC, Unix und Derivate usw.) und in aktuelleren Umgebungen (Websphere, J2EE, .NET usw.) laufen, kommt ein Wert zwischen 3 und 5 in Betracht.

Stufe	Beschreibung
0	Reine Verarbeitung im Backend (keine Frontend-Komponente).
1	Batchverarbeitung mit Dateneingabe **oder** Druck nicht am Standort des Rechners.
2	Batchverarbeitung mit Dateneingabe **und** Druck nicht am Standort des Rechners.
3	Die Anwendung beinhaltet Online-Datenerfassung oder ein Frontend.
4	Mehr als ein Frontend, aber nur eine Art von TP-Protokoll.
5	Mehr als ein Frontend und mehr als eine Art von TP-Protokoll.

Mit Batchverarbeitung ist dabei gemeint, dass erfasste Daten nicht unmittelbar in die internen Datenbestände geschrieben werden, sondern zunächst in eine so genannte Stapel- oder Batchdatei. Die eigentliche fachliche Verarbeitung einschließlich der Ablage in den internen Datenbeständen geschieht dann in einem folgenden Programmlauf, eben der Batchverarbeitung. Stufe 3 bedeutet ebenfalls Batchverarbeitung, aber im Frontend findet eine erste Vorbearbeitung der Daten statt. Die Werte 0 bis 3 dürften heute in der Praxis keine Bedeutung mehr haben.

Die Stufen 4 und 5 beschreiben also den heutigen Stand der Technik, wo erfasste Daten unmittelbar entsprechend der fachlichen Anforderungen verarbeitet und in Datenbeständen abgelegt werden. Stufe 4 wäre dabei beschränkt auf ein TP-Protokoll (z. B. CICS, RPC, JSP), Stufe 5 trifft zu, wenn mehrere Protokolle unterstützt werden. Beispiele für Einstufungen sind:

- Offlineanwendungen: Stufe 0
- Backoffice-Anwendungen: Stufe 4
- Frontoffice-Anwendungen: Stufe 4
- Selbstbedienungssysteme: Stufe 4
- Internet-Endkundenanwendung: Stufe 5

3.9.2 Verteilte Verarbeitung

Verteilte Verarbeitung beschreibt das Ausmaß und die Intensität, mit der Daten zwischen verschiedenen technischen Komponenten des Systems ausgetauscht werden.

Stufe	Beschreibung
0	Daten werden nicht an eine andere Komponente des Systems übertragen oder dort verarbeitet.
1	Daten werden zum Transfer bereitgestellt, dann an eine andere Komponente des Systems übertragen und dort verarbeitet, mit dem Zweck einer weiteren Verarbeitung durch den Anwender.
2	Daten werden zum Transfer bereitgestellt, dann an eine andere Komponente des Systems übertragen und dort verarbeitet, aber **nicht** mit dem Zweck einer weiteren Verarbeitung durch den Anwender.
3	Verteilte Verarbeitung und Datentransfer geschehen ohne Verzögerung, aber nur in eine Richtung.
4	Verteilte Verarbeitung und Datentransfer geschehen ohne Verzögerung und in beide Richtungen.
5	Verteilte Verarbeitung und Datentransfer geschehen ohne Verzögerung und mit automatischer Lastverteilung.

Typische Einstufungen sind hier:

- Offlineanwendungen: Stufe 0
- Backoffice-Anwendungen: Stufe 4
- Frontoffice-Anwendungen: Stufe 4
- Selbstbedienungssysteme: Stufe 4
- Internet-Endkundenanwendung: Stufe 4

3.9.3 Leistungsanforderungen

Das Systemmerkmal Leistungsanforderungen beschreibt den Einfluss von Anforderungen an das Antwortzeitverhalten und an den Datendurchsatz der Anwendung. Es sollen jedoch nur solche expliziten oder impliziten Anforderungen berücksichtigt werden, die tatsächlich auch eine Auswirkung auf das Design, die Entwicklung, die Installation oder die Wartung des Systems haben.

Stufe	Beschreibung
0	Es wurden keine Leistungsanforderungen definiert.
1	Leistungsanforderungen sind definiert, erfordern aber keine besonderen Maßnahmen.
2	Antwortzeiten oder Datendurchsatz sind in Spitzenzeiten kritisch, erfordern aber kein besonderes Design. Die Verarbeitungszeiten orientieren sich am Geschäftszyklus.
3	Antwortzeiten oder Datendurchsatz sind zu allen Zeiten kritisch, erfordern aber kein besonderes Design. Die Verarbeitungszeiten sind durch Umsysteme vorgegeben.
4	Zusätzlich zu Stufe 3: Die Leistungsanforderungen erfordern besondere Analysen und Messungen vor oder in der Designphase.
5	Zusätzlich zu Stufe 4: Es werden Werkzeuge zur Leistungsmessung der Anwendung in der Design-, Entwicklungs- oder Implementierungsphase eingesetzt, um die Leistungsanforderungen zu erfüllen.

Beispiele für Einstufungen sind hier:

- Offlineanwendungen: Stufe 2
- Backoffice-Anwendungen: Stufe 1
- Frontoffice-Anwendungen: Stufe 3
- Selbstbedienungssysteme: Stufe 4
- Internet-Endkundenanwendung: Stufe 5

Wichtig ist hier, dass nicht das tatsächliche Laufzeitverhalten einer Anwendung zu bewerten ist, sondern die an sie gestellten Anforderungen. Wenn diese etwa durch die Wahl einer geeigneten Plattform erfüllt werden können, kann bis zu Stufe 3 erreicht werden, ohne dass zusätzlicher Entwicklungsaufwand anfällt. Erst ab Stufe 4 sind tatsächlich besondere Maßnahmen in Design und Entwicklung notwendig. Andererseits erfordern natürlich aber schon Anforderungen auf den Stufen 1 bis 3 besondere Tests zum Nachweis der Erfüllung.

3.9.4 Ressourcennutzung

Dieses Systemmerkmal beschreibt den Einfluss beschränkter Hardwareressourcen auf die Entwicklung der Anwendung. Dies kann z. B. dann der Fall sein, wenn die zu verwendende Hardware für die Anwendung vorgegeben ist.

Stufe	Beschreibung
0	Es werden keine Beschränkungen erwartet.
1	Es gibt Beschränkungen, die aber keine besonderen Maßnahmen erfordern.
2	Es gibt Beschränkungen, die besondere Maßnahmen erfordern, die sich allerdings noch nicht auf die Anwendungslogik auswirken.
3	Es gibt Beschränkungen, die besondere Maßnahmen erfordern und die sich auf einen Teil der Anwendungslogik auswirken.
4	Es gibt Beschränkungen, die besondere Maßnahmen erfordern und die sich auf die gesamte Anwendungslogik auswirken.
5	Zusätzlich zu Stufe 4: Bei verteilten Anwendungen gibt es besondere Beschränkungen in den verschiedenen Komponenten der Anwendung.

Die typischen Einstufungen sind dabei:

- Die meisten Anwendungen werden in Stufe 1 oder 2 eingeordnet, da Engpässe in den verfügbaren Ressourcen heute häufig durch entsprechende Hardware-Upgrades beseitigt werden.

3.9.5 Transaktionsrate

Dieses Systemmerkmal beschreibt den Einfluss der zu erwartenden Transaktionsrate auf die Entwicklung der Anwendung. Mit Transaktionsrate ist dabei die Anzahl fachlicher Transaktionen innerhalb einer gegebenen Zeiteinheit gemeint. Die Anwender geben dabei letztlich vor, welche Antwortzeiten sie für eine Transaktion erwarten.

Stufe	Beschreibung
0	Es wird keine Hauptbelastungszeit erwartet.
1	Niedrige Transaktionsraten, minimale Auswirkungen auf Design-, Entwicklungs- und Installationsphasen.
2	Durchschnittliche Transaktionsraten, leichter Einfluss auf Design-, Entwicklungs- und Installationsphasen.
3	Hohe Transaktionsraten beeinflussen Design-, Entwicklungs- und Installationsphasen.
4	Die Anforderungen an die Transaktionsraten erfordern besondere Maßnahmen in Design, Entwicklung und Installation.
5	Zusätzlich zu Stufe 4 ist der Einsatz von Messwerkzeugen erforderlich.

Beispiele für Einstufungen sind hier:

- Offlineanwendungen: Stufe 0
- Backoffice-Anwendungen: Stufe 0
- Frontoffice-Anwendungen: Stufe 3
- Selbstbedienungssysteme: Stufe 4
- Internet-Endkundenanwendung: Stufe 5

Wichtig ist hier, dass nicht die absolute Transaktionsrate einer Anwendung zu bewerten ist, sondern die an die Anwendung gestellten Anforderungen und deren Auswirkungen auf Design und Entwicklung.

3.9.6 Online-Benutzerschnittstelle

Dieses Systemmerkmal beschreibt den Anteil interaktiver Transaktionen in der Anwendung. Dies betrifft die Datenerfassung, aber auch Steuerungsfunktionen, Berichte, Abfragen usw.

Stufe	Beschreibung
0	Alle Elementarprozesse werden als Stapelverarbeitung durchgeführt.
1	1 % bis 7 % der Elementarprozesse sind interaktiv.
2	8 % bis 15 % der Elementarprozesse sind interaktiv.
3	16 % bis 23 % der Elementarprozesse sind interaktiv.
4	24 % bis 30 % der Elementarprozesse sind interaktiv.
5	Mehr als 30 % der Elementarprozesse sind interaktiv.

Mit »interaktiv« ist dabei gemeint, dass die eingegebenen Daten ohne Verzögerung verarbeitet und in internen Datenbeständen abgelegt werden. Die angegebenen Prozentzahlen beziehen sich auf die identifizierten Elementarprozesse. Hat man z. B. insgesamt 100 Elementarprozesse (EI, EO oder EQ) identifiziert und sind davon 15 EIs und 5 EQs interaktiv, so ist Stufe 3 zu werten.

Typische Einstufungen sind hier:

- Moderne Onlineanwendungen: Stufe 5
- Batchanwendungen: Stufe 0 oder 1

3.9.7 Anwenderfreundlichkeit

Dieses Systemmerkmal beschreibt den Einfluss von Anforderungen an die Ergonomie und an leichte Bedienbarkeit für die Anwender auf die Entwicklung der Anwendung.

Die folgenden Merkmale beschreiben die Anwenderfreundlichkeit und werden für die Einstufung berücksichtigt:

- Navigationshilfen (z. B. Aktionsbuttons, dynamisch aufgebaute Menüs, Hyperlinks)
- Menüführung
- Onlinehilfe und Dokumentation
- Automatische Cursorbewegung
- Vorwärts- und Rückwärtsblättern
- Direkte Druckausgaben auf Arbeitsplatzdruckern
- Standardmäßig vorbelegte Funktionstasten
- Direktes Starten von Stapelverarbeitungen
- Listboxen
- Intensive Nutzung von grafischen Anzeigesteuerungen und -elementen
- Hardcopy-Dokumentation von Onlinetransaktionen (z. B. über Bildschirmdruck)
- Unterstützung von Zeigergeräten wie Mäuse

- Pop-up-Fenster
- Vorlagen und Standards
- Zweisprachigkeit (zwei Sprachen: zählt als vier Merkmale)
- Mehrsprachigkeit (unterstützt mehr als zwei Sprachen: zählt als sechs Merkmale)

Die Anzahl der zutreffenden Merkmale ergibt die Einstufung gemäß der folgenden Tabelle:

Stufe	Beschreibung
0	Keines der oben genannten Merkmale trifft zu.
1	Eins bis drei der oben genannten Merkmale treffen zu.
2	Vier bis fünf der oben genannten Merkmale treffen zu.
3	Sechs oder mehr der oben genannten Merkmale treffen zu, aber es gibt keine besonderen Anforderungen.
4	Sechs oder mehr der oben genannten Merkmale treffen zu und die Anforderungen verlangen besondere Maßnahmen für das Design.
5	Sechs oder mehr der oben genannten Merkmale treffen zu und die Anforderungen zur Anwenderfreundlichkeit verlangen die Anwendung spezieller Werkzeuge und Verfahren, um die Zielerreichung nachzuweisen.

Typische Einstufungen sind hier:

- Reine Batchanwendungen: Stufe 0
- Anwendungen mit zeichenorientierten Benutzerschnittstellen: Stufe 1 oder 2
- Einfache grafische Benutzerschnittstelle: Stufe 3
- Stufen 4 und 5 sind häufig zutreffend z. B. für Anwendungen im Call-Center-Bereich oder auch für Anwendungen für Endkunden, z. B. Onlineshops.

3.9.8 Onlineverarbeitung

Mit Onlineverarbeitung ist hier wieder gemeint, dass erfasste Daten ohne Verzögerung verarbeitet und in Datenbeständen abgelegt werden.

Stufe	Beschreibung
0	Keine Onlineverarbeitung.
1	Onlineverarbeitung von einem bis zu drei Datenbeständen. Die Häufigkeit von Aktualisierungen ist gering und die Wiederherstellung im Fall von Datenverlusten ist einfach.
2	Onlineverarbeitung von vier oder mehr Datenbeständen. Die Häufigkeit von Aktualisierungen ist gering und die Wiederherstellung im Fall von Datenverlusten ist einfach.
3	Onlineverarbeitung für die wesentlichen internen Datenbestände der Anwendung.

3.9 Wertfaktor

4	Zusätzlich zu Stufe 3: Der Schutz vor Datenverlust ist wichtig und muss bei Design und Entwicklung berücksichtigt werden.
5	Zusätzlich zu Stufe 4: Hohe Mengengerüste erfordern automatisierte Wiederherstellungsverfahren mit minimalem manuellem Eingriff.

Beispiele für Einstufungen sind etwa:

- Offlineanwendungen: Stufe 0
- Backoffice-Anwendungen: Stufe 2 oder 3
- Frontoffice-Anwendungen: Stufe 4
- Selbstbedienungssysteme: Stufe 5
- Internet-Endkundenanwendung: Stufe 5

3.9.9 Komplexe Verarbeitung

Dieses Systemmerkmal beschreibt den Einfluss der Komplexität der Verarbeitungslogik auf die Entwicklung der Anwendung.

Die folgenden Merkmale werden für die Einstufung berücksichtigt:

- Anwendungsspezifische Sicherheitsmechanismen, Revisionsfähigkeit
- Ausgiebige logische Verarbeitung
- Ausgiebige mathematische Verarbeitung
- Häufige abgebrochene Transaktionen mit der Notwendigkeit zum Wiederaufsetzen
- Multiple Ein- und Ausgabemöglichkeiten

Die Anzahl der zutreffenden Merkmale ergibt nach der folgenden Tabelle die konkrete Einstufung:

Stufe	Beschreibung
0	Keines der Merkmale gefordert.
1	Eins der Merkmale gefordert.
2	Zwei der Merkmale gefordert.
3	Drei der Merkmale gefordert.
4	Vier der Merkmale gefordert.
5	Alle Merkmale gefordert.

Beispiele für Einstufungen sind etwa:

- Offlineanwendungen: Stufe 2 bis 3
- Backoffice-Anwendungen: Stufe 2 bis 3
- Frontoffice-Anwendungen: Stufe 3 bis 4
- Selbstbedienungssysteme: Stufe 3 bis 4
- Internet-Endkundenanwendung: Stufe 5

3.9.10 Wiederverwendbarkeit

Wiederverwendbarkeit beschreibt den Grad, in dem die Anwendung und der dafür entwickelte Programmcode spezifisch für eine Verwendung in *anderen* Anwendungen entworfen, entwickelt und gewartet werden.

Stufe	Beschreibung
0	Kein wiederverwendbarer Quellcode.
1	Wiederverwendbarer Quellcode wird nur innerhalb der Anwendung genutzt.
2	Weniger als 10 % des Quellcodes sollen in einer anderen Anwendung genutzt werden.
3	10 % und mehr des Quellcodes sollen in einer anderen Anwendung genutzt werden.
4	Die Anwendung wurde für Wiederverwendung vorbereitet. Erforderliche Anpassungen erfolgen im Quellcode.
5	Die Anwendung wurde für Wiederverwendung vorbereitet. Erforderliche Anpassungen erfolgen über Parameter.

Die Einstufung dieses Systemmerkmals ist offensichtlich unabhängig von der Art der Anwendung. Wichtig ist: Es geht hier um den geforderten Grad der Wiederverwendbarkeit der für die Anwendung geschriebenen Programme und nicht um den Umfang der Wiederverwendung anderer Programme, der bei der Entwicklung genutzt wird.

3.9.11 Migrations- und Installationshilfen

Dieses Systemmerkmal beschreibt, inwieweit die Migration von Daten aus anderen Anwendungen oder vorherigen Versionen der Anwendung sowie Anforderungen an die Installation den Entwicklungsaufwand beeinflussen.

Stufe	Beschreibung
0	Keine besonderen Anforderungen, keine Installationshilfen.
1	Besondere Anforderungen, aber keine Installationshilfen.
2	Besondere Anforderungen, Migration und Installationshilfen wurden getestet. Der dadurch verursachte Aufwand wird als vernachlässigbar eingeschätzt.
3	Besondere Anforderungen, Migration und Installationshilfen wurden getestet. Der dadurch verursachte Aufwand wird **nicht** als vernachlässigbar eingeschätzt.
4	Zusätzlich zu Stufe 2 wurden automatische Werkzeuge zur Migration und Installation bereitgestellt und getestet.
5	Zusätzlich zu Stufe 3 wurden automatische Werkzeuge zur Migration und Installation bereitgestellt und getestet.

Die Einstufung dieses Systemmerkmals ist offensichtlich unabhängig von der Art der Anwendung.

3.9.12 Betriebshilfen

Dieses Merkmal beschreibt das Verhalten der Anwendung hinsichtlich Initialisierung, Datensicherung und Wiederherstellung der Datenbestände.

Stufe	Beschreibung
0	Keine besonderen Anforderungen über normale Datensicherung hinaus.
1-4	Die Einstufung erfolgt anhand der folgenden Beschreibungen, für jede zutreffende ist die jeweils genannte Punktzahl zu summieren: ▪ Initialisierungs-, Datensicherungs- und Wiederherstellungsprozeduren erfordern manuelle Eingriffe (1 Punkt). ▪ Initialisierungs-, Datensicherungs- und Wiederherstellungsprozeduren erfordern **keine** manuellen Eingriffe (2 Punkte). ▪ Die Anwendung erfordert nur minimale manuelle Unterstützung für die Bedienung von Magnetbandgeräten oder anderen Datenträgern (1 Punkt). ▪ Die Anwendung minimiert den manuellen Aufwand in der Druckverarbeitung wie z. B. Papierwechsel (1 Punkt).
5	Die Anwendung ermöglicht einen bedienerlosen Betrieb.

Die Einstufung dieses Systemmerkmals ist offensichtlich unabhängig von der Art der Anwendung.

3.9.13 Mehrfachinstallationen

Dieses Systemmerkmal beschreibt die Möglichkeit, die Anwendung in verschiedenen Hardware- und Systemsoftwareumgebungen (Betriebsumgebungen) zu betreiben.

Stufe	Beschreibung
0	Nur eine Installation ist vorgesehen.
1	Mehrfachinstallation in identischen Betriebsumgebungen ist vorgesehen.
2	Mehrfachinstallation in ähnlichen Betriebsumgebungen ist vorgesehen.
3	Mehrfachinstallation in verschiedenen Betriebsumgebungen ist vorgesehen.
4	Zusätzlich zu Stufe 2 werden ein Unterstützungsplan und eine Dokumentation für die verschiedenen Umgebungen bereitgestellt.
5	Zusätzlich zu Stufe 3 werden ein Unterstützungsplan und eine Dokumentation für die verschiedenen Umgebungen bereitgestellt.

Die Einstufung dieses Systemmerkmals ist offensichtlich unabhängig von der Art der Anwendung.

3.9.14 Änderungsfreundlichkeit

Änderungsfreundlichkeit beschreibt den Einfluss der Anforderungen an Anpassbarkeit und Wartungsfreundlichkeit der Verarbeitungslogik und Datenstrukturen auf die Entwicklung der Anwendung. Die folgenden einzelnen Merkmale werden dafür betrachtet:

A. Flexible Abfragemöglichkeiten
- Es können einfache Abfragen verarbeitet werden (1 Punkt).
- Es können durchschnittlich komplexe Abfragen verarbeitet werden (2 Punkte).
- Es können überdurchschnittlich komplexe Abfragen verarbeitet werden (3 Punkte).

B. Fachliche Parameter und Steuerungsdaten
- Fachliche Parameter und Steuerungsdaten werden direkt vom Anwender gepflegt. Änderungen werden erst nach Neustart der Anwendung oder Geschäftsschluss wirksam (1 Punkt).
- Fachliche Parameter und Steuerungsdaten werden direkt vom Anwender gepflegt. Änderungen werden sofort wirksam (2 Punkte).

Die Summe der genannten Punkte der zutreffenden Merkmale ergibt die Einstufung gemäß der folgenden Tabelle:

Stufe	Beschreibung
0	Null Punkte
1	Ein Punkt
2	Zwei Punkte
3	Drei Punkte
4	Vier Punkte
5	Fünf Punkte

Die Einstufung dieses Systemmerkmals ist offensichtlich vollkommen unabhängig von der Art der Anwendung.

3.10 Basis- oder Projektanalyse

Eine Basisanalyse oder -bewertung beschreibt den Ist-Zustand einer Anwendung zu einem bestimmten Zeitpunkt. Sie umfasst deshalb sämtliche Elementarprozesse und Datenbestände, die aufgrund der Anwendungsabgrenzung der Anwendung als zugehörig betrachtet werden.

Bei einer Projektanalyse, also der Neuentwicklung einer Anwendung, setzt die FPA zunächst den FP-Wert des Projekts gleich dem FP-Wert der durch das Projekt entwickelten Anwendung. Allerdings kann es im Rahmen des Projekts auch Entwicklungen von Funktionen geben, die nur der Übernahme von Daten aus Vorversionen oder anderen Systemen dienen. Solche Funktionen werden im CPM als *conversion functionality* beschrieben, im Deutschen bezeichnen wir diese als Migrationsfunktionen oder -programme. Sie sind grundsätzlich einem Projekt zuzurechnen und entsprechend mit FPs zu bewerten, auch wenn sie in einer Basiszählung später nicht mehr berücksichtigt werden[20].

Bei Basiszählungen von Fremd- oder Standardsoftware sollten Sie darauf achten, nur diejenigen Funktionen und Datenbestände zu bewerten, die in der Umgebung des Kunden auch tatsächlich verwendet werden (vgl. hierzu auch Abschnitt 5.5).

Da eine Basiszählung die Grundlage für alle weiteren Releaseanalysen einer Anwendung bildet, sollte sie besonders sorgfältig durchgeführt und dokumentiert werden.

3.11 Vorgehen bei einer Releaseanalyse

Die Analyse einer Anwendung beschreibt immer den Ist-Zustand eines Systems, die Analyse eines Neuentwicklungsprojekts entsprechend den Soll-Zustand. Bei der Analyse eines Weiterentwicklungs- oder Releaseprojekts geht es dagegen darum, die Bestandsänderung in einem System zu beschreiben. Der Übergang vom Ist-Zustand eines Systems zu dem mit dem Projekt angestrebten Soll-Zustand geschieht in der Betrachtungsweise der FPA durch

- Hinzufügen (*add*) neuer Funktionen und Datenbestände,
- Änderung (*change*) und
- Löschung oder Entfernung (*delete*) bestehender Funktionen und Datenbestände.

Wir haben es also mit drei »Aktivitätstypen« zu tun. Alle zu wertenden Funktionen und Datenbestände müssen die Regeln des CPM für Elementarprozesse und Datenbestände erfüllen. Darüber hinaus benötigen wir zusätzliche Regeln, die es erlauben, die drei verschiedenen Aktivitätstypen in einem Releaseprojekt zu bewerten.

Jeder neuen, geänderten oder gelöschten Funktion und jedem neuen, geänderten oder gelöschten Datenbestand wird der gleiche FP-Wert zugewiesen, wie ihn die Funktion oder der Datenbestand auch in einer Basiszählung erhält. Es kommen also die oben vorgestellten Tabellen 3–1 (Seite 52) bis 3–5 (Seite 55) zur

---

20. Anders ist es natürlich, wenn die Migrationsprogramme – aus welchen Gründen auch immer – als Teil der zu analysierenden Anwendung angesehen würden.

Anwendung. Es muss aber natürlich definiert werden, wann eine Funktion oder ein Datenbestand als neu, geändert oder gelöscht zu gelten hat. Diese Regeln sind in den folgenden Abschnitten beschrieben.

3.11.1 Neue Funktionen und Datenbestände

Jede neu hinzugefügte Funktion wird nach den oben beschriebenen Regeln bewertet. Irgendwelche Unterschiede zur Basisanalyse gibt es in diesem Fall nicht. Das Gleiche gilt selbstverständlich auch für die neu hinzugefügten Datenbestände.

3.11.2 Geänderte Funktionen und Datenbestände

Auch Funktionen und Datenbestände, die geändert wurden, werden bei einer Releaseanalyse berücksichtigt. Jeder geänderten Funktion und jedem geänderten Datenbestand wird dabei der FP-Wert entsprechend den Tabellen 3–1 (Seite 52) bis 3–5 (Seite 55) zugeordnet, und zwar unabhängig vom Umfang der jeweiligen Änderung.

Wurde z. B. bei einer Kundendatei in der Eingabefunktion ein Feld hinzugefügt (bspw. »Name des Partners/der Partnerin«), so gilt diese Funktion als geändert und wird demnach mit der entsprechenden Punktzahl bewertet. In der Folge muss man sich zudem verdeutlichen, wo diese Erweiterung noch überall Auswirkungen haben kann. So ist mit Sicherheit der Datenbestand »Kundendatei« ebenfalls auf »geändert« zu setzen, da ja jetzt ein neues Attribut im Datenbestand gepflegt werden muss. Zusätzlich ist zu überprüfen, ob bei den Abfragen oder den Druckausgaben ebenfalls Änderungen vorgenommen wurden. Ist das der Fall, wird jeder betroffene Elementarprozess als geändert angesehen und bewertet.

Als Änderung eines Elementarprozesses oder Datenbestands gilt das Hinzufügen oder das Entfernen von Datenelementen, aber auch die Änderung des Formats eines Datenelements (z. B. Wechsel des Datumsformats von zwei- auf vierstellige Jahreszahl).

Auch Änderungen der Verarbeitungslogik müssen selbstverständlich berücksichtigt werden, selbst wenn sie in den Benutzer- und Systemschnittstellen nicht unmittelbar sichtbar werden.

Gestalterische Änderungen im Design oder Änderung der Hintergrundfarbe, andere Anordnung der Buttons u.Ä. sowie Layoutkorrekturen gelten hingegen nicht als Änderung.

Bei der Anwendung der Komplexitätsregeln ist in einem Releaseprojekt besonderes Augenmerk erforderlich. Durch das Hinzufügen eines Datenelementes kann es zu einer Veränderung der Komplexität kommen, denn damit steigt ja die Gesamtzahl der DETs. Es muss also bei dieser Bewertungsart immer überprüft werden, ob die »alten« Zählschwellen bei DETs, FTRs und bei RETs über- oder auch unterschritten werden, um die richtige Komplexität bewerten zu können.

3.11.3 Gelöschte Funktionen und Datenbestände

Alle gelöschten, also aus der Anwendung entfernten Funktionen und Datenbestände werden ebenfalls berücksichtigt. Sie werden grundsätzlich mit ihrem letzten FP-Wert vor der Löschung bewertet.

3.11.4 Berechnung des FP-Werts

In diesem Abschnitt wird beschrieben, wie der FP-Wert eines Releaseprojekts berechnet wird und wie sich das Releaseprojekt auf den Wert der betroffenen Anwendung bzw. Anwendungen auswirkt.

Kurz gefasst kann man sagen: Für ein Releaseprojekt addieren sich die FP-Werte aller »Aktivitätstypen«, also der neuen, geänderten und gelöschten Funktionalität. Dagegen wird für die betroffene Anwendung »saldiert«: Geänderte Funktionen wirken sich nicht auf den FP-Wert aus, neue Funktionen erhöhen und gelöschte Funktionen verringern den FP-Wert. Das heißt, ein Releaseprojekt kann beispielsweise den Wert von 500 FPs haben, die Anwendung (vor Release 1.000) wächst jedoch nicht um diesen Betrag (auf 1.500), sondern nur um den Betrag der neuen und gelöschten Funktionen (beispielsweise auf 1.230).

Wenn nur unjustierte FP-Werte verwendet werden, berechnet sich der FP-Wert eines Erweiterungsprojekts wie folgt:

uEFP = ADD + CHGA + DEL

uEFP	*Unadjusted enhancement project function point count* – unjustierter FP-Wert des Erweiterungsprojekts
ADD	Hinzugefügte uFPs
CHGA	Geänderte uFPs, wobei hier der Größenwert **nach** der Erweiterung benutzt wird
DEL	Gelöschte uFPs

Dazu ein Rechenbeispiel: In einem Erweiterungsprojekt werden 100 unjustierte FPs neu entwickelt, 100 unjustierte FPs geändert und 50 unjustierte FPs gelöscht. Der unjustierte FP-Wert des Erweiterungsprojekts beträgt:

uEFP = 100 FP + 100 FP + 50 FP = 250 FP

Für die Berechnung des justierten FP-Wertes ist zusätzlich der Wertfaktor vor und nach Durchführung des Erweiterungsprojekts zu berücksichtigen wie in der folgenden Gleichung gezeigt:

aEFP = (ADD + CHGA) * VAFA + DEL * VAVB

aEFP	**A**djusted **e**nhancement project **f**unction **p**oint count – justierter FP-Wert des Erweiterungsprojekts
ADD	Hinzugefügte uFPs
CHGA	Geänderte uFPs, wobei hier der Größenwert **nach** der Erweiterung benutzt wird
VAFA	Wertfaktor **nach** dem Erweiterungsprojekt
DEL	Gelöschte uFPs
VAFB	Wertfaktor **vor** dem Erweiterungsprojekt

Die hinzugefügten und geänderten FPs werden mit dem Wertfaktor multipliziert, der nach dem Erweiterungsprojekt gilt. So wie die Komplexität eines Elementarprozesses durch eine Änderung in eine andere Komplexitätsklasse rutschen kann, so kann auch der Wertfaktor aufgrund geänderter Bedingungen höher oder niedriger sein als der der vorigen Basis. Die Summe der »gelöschten« FPs wird dagegen mit dem alten Wertfaktor multipliziert.

Nimmt man in unserem obigen kleinen Beispiel an, dass der Wertfaktor vor dem Erweiterungsprojekt 1,05 und danach 1,08 beträgt, so ergibt sich für das Erweiterungsprojekt der justierte FP-Wert zu:

$$aEFP = (100\ FP + 100\ FP) * 1{,}08 + 50\ FP * 1{,}05 = 269\ FP^{21}$$

Die Formel für Berechnung des neuen FP-Werts der Anwendung nach der Durchführung des Erweiterungsprojekts lautet:

$$aAFP = (uFPB + ADD + CHGA - CHGB - DEL) * VAFA$$

aAFP	**A**djusted **a**pplication **f**unction **p**oint count – justierter FP-Wert der Anwendung nach Durchführung des Erweiterungsprojekts
uFPB	Summe uFPs der Anwendung vor dem Projekt (alte Basis)
ADD	Hinzugefügte uFPs
CHGA	Geänderte uFPs, wobei hier der Größenwert **nach** der Erweiterung benutzt wird
CHGB	Geänderte uFPs, wobei hier der Größenwert **vor** der Erweiterung benutzt wird
DEL	Gelöschte uFPs
VAFA	Wertfaktor **nach** dem Erweiterungsprojekt

Die unjustierten FP-Werte werden also saldiert, d. h., zu dem unjustierten FP-Wert vor dem Erweiterungsprojekt werden die neu hinzugefügten FPs addiert und die gelöschten FPs abgezogen sowie die Veränderung des unjustierten FP-

---

21. Der exakte Wert von 268,5 FP wurde hier, wie in der FPA üblich, aufgerundet.

3.11 Vorgehen bei einer Releaseanalyse

Werts in den geänderten Funktionen und Datenbeständen berücksichtigt. Das Ergebnis wird anschließend mit dem aktualisierten Wertfaktor multipliziert.

Nehmen wir in unserem obigen Beispiel an, dass der unjustierte FP-Wert der Anwendung vor dem Erweiterungsprojekt 500 FPs betrug und die geänderten Funktionen vor dem Projekt einen unjustierten FP-Wert von 95 FPs hatten, so ergibt sich der aktualisierte justierte FP-Wert zu:

$$aAFP = (500\ FP + 100\ FP + 100\ FP - 95\ FP - 50\ FP) * 1{,}08 = 600\ FP$$

Der justierte FP-Wert der Anwendung vor dem Erweiterungsprojekt war uFPB = 500 FP * 1,05 = 525 FP, der durch das Projekt erzeugte Zuwachs in der Anwendung beträgt also 75 FP. Das Erweiterungsprojekt selbst dagegen wurde mit 269 FP bewertet.

4 Beispiel: Outlook-Adressbuch

Um die oben beschriebenen Regeln und Bedingungen mit Leben zu füllen, führen wir in diesem Kapitel anhand eines durchgehenden Beispiels eine exemplarische Analyse durch. Es bietet sich an, dafür eine Anwendung zu wählen, die wohl fast jedem Leser bekannt und auf seinem PC verfügbar ist: das Adressbuch von MS Windows, auch als Outlook-Adressbuch bezeichnet. Als Nutzer von MS Windows z. B. in der Version Windows XP finden Sie diese Anwendung unter »Start/Programme/Zubehör«. Sie ist aber auch direkt aus den Anwendungen Outlook Express und MS Outlook heraus aufrufbar. Für diejenigen, die keinen Zugang zu dieser Anwendung haben, sollten aber die eingefügten Screenshots und unsere Erläuterung zum Verständnis ausreichen.

Um den Umfang dieses Buches nicht zu sprengen, werden wir nicht alle Funktionen und Datenbestände, die zum Outlook-Adressbuch gehören, detailliert bewerten können. Es ist sicherlich für jeden Leser eine gute Übung, dieses Beispiel, dort, wo wir Lücken gelassen haben, für sich selbst zu ergänzen.

4.1 Analysetyp und -zweck

Das Beispiel soll der Demonstration der Analyse einer bestehenden Anwendung dienen, es handelt sich also um eine Basisanalyse. Wir verfolgen hier keinen weiteren Zweck. In der Praxis ist der Zweck einer Basiszählung in der Regel jedoch, eine Grundlage für folgende Releaseanalysen zur Verfügung zu stellen.

4.2 Abgrenzung

Wir erinnern uns, dass wir zwei Abgrenzungen vornehmen müssen: die Bestimmung des Analyseumfangs (*counting scope*) und der Anwendungsgrenze (*application boundary*).

Die Bestimmung der Anwendungsgrenze muss, wie erwähnt, immer aus fachlicher Sicht geschehen. Sie sollte deutlich gezogen und muss auch dokumentiert werden. Die Festlegung der Anwendungsgrenze ist keine »objektive Wahrheit«, sondern letztlich die Dokumentation des Verständnisses der Anwender. Da wir in diesem Beispiel nicht nur die FP-Experten, sondern gleichzeitig auch die Anwender sind, können wir die Anwendungsgrenze folgendermaßen definieren: Zur Anwendung Outlook-Adressbuch gehören alle Funktionen, die der Verwaltung jeglicher Art von Adressen und anderer kontaktbezogenen Daten dienen, sowie diejenigen Funktionen, die zu einer Strukturierung solcher Daten verwendet werden, um beispielsweise Gruppen oder Verteilerlisten zu bilden.

Man merkt schon, wo hier das Problem liegt: Im Grunde müsste über diese allgemeine Aussage hinaus für jede Funktion und jeden Datenbestand, auf den man bei der Verwendung dieser Anwendung im weitesten Sinne stößt, gesagt werden, ob sie oder er innerhalb der Anwendung liegt oder nicht. In der Praxis geschieht dies dadurch, dass in der Dokumentation der Analyse explizit die Funktionen und Datenbestände aufgeführt werden, die als zur Anwendung gehörig betrachtet werden.

Eine Hilfe für die Bestimmung und Dokumentation der Anwendungsgrenze können Kontextdiagramme[22] sein, die fachliche Zusammenhänge und Datenströme beschreiben. Ein solches Kontextdiagramm könnte in einer grob vereinfachten Form etwa so wie in Abbildung 4–1 dargestellt aussehen.

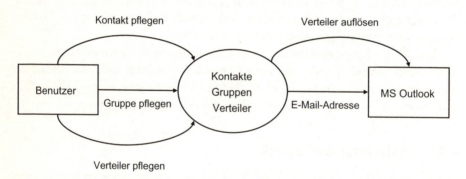

Abb. 4–1 *Beispiel für ein einfaches Kontextdiagramm*

Ähnliche Konstrukte finden sich natürlich in allen Modellierungssprachen und -ansätzen, so etwa sind auch die Use-Case-Diagramme der *Unified Modeling Language* (UML) hilfreich für die Bestimmung und Dokumentation der Anwendungsgrenze.

Neben der Anwendungsgrenze müssen wir noch angeben, was denn nun der Analyseumfang in unserem Beispiel sein soll. In der Praxis hätten wir, hoffentlich, einen klaren Auftrag. In unserem Fall definieren wir wieder selbst: Analysiert

---

22. Vgl. hierzu [Stickel et al 1997, S. 677 ff.].

werden sollen nur die Funktionen und Datenbestände, die mit der Verwaltung und Pflege von Kontakten zu tun haben. Nicht betrachtet werden sollen dagegen alle Funktionen und Datenbestände, die die Verwaltung und Pflege von Gruppen und Verteilerlisten betreffen.

4.3 Funktionen und Datenbestände

Wie können wir sicher sein, dass wir alle Funktionen und Datenbestände einer Anwendung auch finden und identifizieren? In der Praxis macht es Sinn, sich eine Anwendung von einem versierten Anwender ausführlich demonstrieren zu lassen. Das Outlook-Adressbuch kennen wir und die meisten Leser gut genug, um sich selbst »durch das System zu hangeln«. In der Praxis würden wir aber bei der Analyse einer dialogorientierten Anwendung auch nicht anders vorgehen:

Wir beginnen mit dem »Start« oder »Einstieg« in das System und versuchen dann, alle Funktionen zu finden und zu identifizieren, die einem Anwender zur Verfügung stehen. Dabei sollten Sie möglichst strukturiert vorgehen. Bei einer dialogorientierten Anwendung könnte man sich z. B. am Menübaum orientieren. Für jede Funktion und jeden Datenbestand wird dann die jeweilige Hypothese gegen die Regeln des CPM geprüft und das Ergebnis entsprechend vermerkt.

4.3.1 Aufruf

Der Aufruf dieser Anwendung erfolgt über »Start/Alle Programme/Zubehör« und schließlich »Adressbuch«. Der Aufruf einer Anwendung bildet im Sinne der FPA keinen Elementarprozess, denn er ist zwar aus technischer Sicht notwendig, hat aber keine fachliche Bedeutung im Sinne der Adressbuchanwendung. Wenn Sie bereits Einträge im Adressbuch haben, erscheint auf der rechten Seite eine Liste aller bereits angelegten Kontakte (»Übersicht Kontakte«). Diese Liste betrachten wir weiter unten im Abschnitt 4.3.4.

4.3.2 Neuer Kontakt

Die erste Funktion finden wir im Menü oben links unter »Datei/Neuer Kontakt...«, sie ist gleichzeitig über den eine Karteikarte symbolisierenden Button, der mit »Neu« unterschrieben ist, zu erreichen. Bei Aktivierung und wiederum Auswahl von »Neuer Kontakt...« öffnet sich das in Abbildung 4–2 dargestellte Fenster.

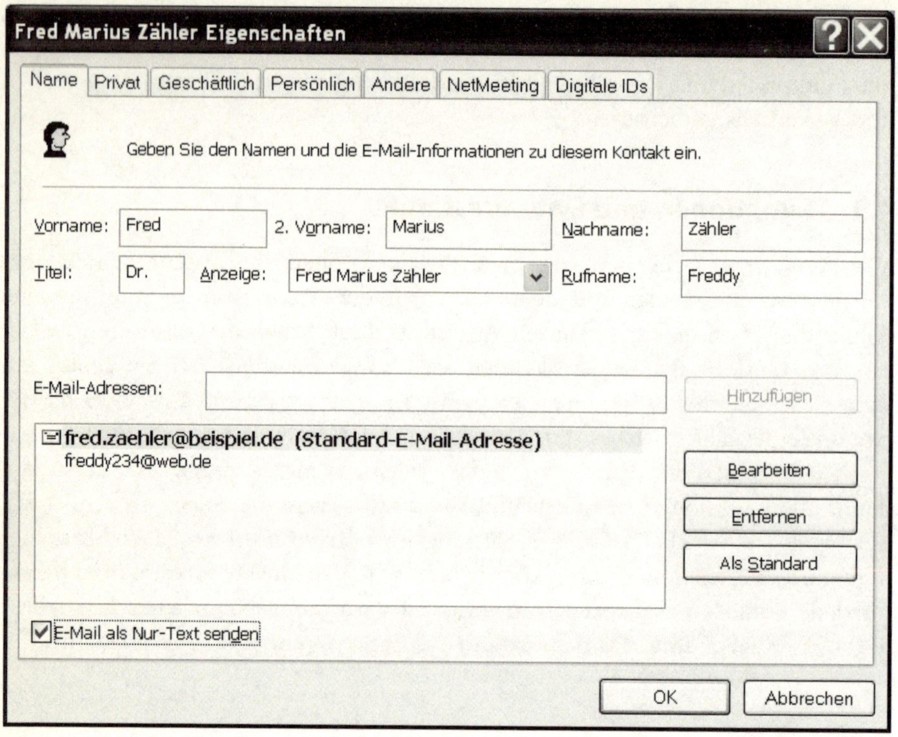

Abb. 4–2 *Erfassungsmaske für einen neuen Kontakt – Reiter »Name«*

Im ersten Reiter werden Daten zum Namen und zu den E-Mail-Adressen des Kontakts erfasst. Es steht jedoch noch eine Reihe von anderen Reitern zur Verfügung, in denen weitere Informationen abgelegt werden können.

Hat man seine Einträge in allen Reitern gemacht, muss man die Eingabe mit »OK« bestätigen und der neue Kontakt wird angelegt. Erst mit dem Klick auf »OK« ist dann der Elementarprozess »Neuer Kontakt« zu Ende, denn alle Schritte – Aufrufen der Maske, Ausfüllen der Datenfelder in verschiedenen Reitern, Bestätigung mit OK – sind notwendig und ergeben in ihrer Gesamtheit die kleinste sinnvolle Menge von Aktivitäten. Der Vorgang ist aus Anwendersicht nicht weiter zerlegbar (»die kleinste auf fachlicher Sicht sinnvolle Einheit«) und belässt das System in einem konsistenten Zustand. Damit sind die Bedingungen für eine Wertung dieser Anwendungsfunktionalität als Elementarprozess erfüllt.

Ganz offensichtlich ist der Hauptzweck die Eingabe von Daten in das Adressbuch, also ist dieser Elementarprozess als Eingabe (EI) zu werten. Zur Sicherheit überprüfen wir noch einmal, ob auch tatsächlich alle Anforderungen des CPM an eine Eingabe erfüllt sind:

4.3 Funktionen und Datenbestände

Mit der Anlage eines neuen Kontaktes wird der Datenbestand »Kontakt«, der später noch genauer besprochen wird, offenbar gepflegt, und zwar in der Art, dass ein neuer Datensatz hinzukommt. Und auch die beiden Bedingungen der Eingabe treffen zu:

- *The data or control information is received from outside the application boundary.* [Die Daten oder Steuerinformationen stammen von außerhalb der Anwendungsgrenze.]
- *At least one ILF is maintained if the data entering the boundary is not control information that alters the behaviour of the system.* [Mindestens ein ILF wird gepflegt, falls die Daten, die die Anwendungsgrenze überqueren, keine Steuerinformationen sind, die das Systemverhalten verändern.] (CPM 7-11)

Die Daten werden über die Tastatur in das System eingegeben, und damit wird ein interner Datenbestand »Kontakte« gepflegt. (Es handelt sich bei den Kontaktdaten um fachliche Daten und damit nicht um Steuerinformationen.) Damit wäre das Anlegen eines neuen Kontaktes als eine Eingabefunktion identifiziert.

Im zweiten Schritt müssen jetzt die Datenelemente identifiziert und gezählt werden. Auf dem ersten Reiter »Name« befinden sich folgende DETs: »Vorname«, »2. Vorname«, »Nachname«, »Titel«, »Anzeige«, »Rufname«, »E-Mail-Adressen«, »Liste der E-Mail-Adressen« (dieses Feld ist als einziges in der Maske nicht benannt), »E-Mail als Nur-Text senden« sowie die Aktionsbuttons »Hinzufügen«, »Bearbeiten«, »Entfernen« und »Als Standard«. Weiterhin zählen wir bei diesem ersten Reiter die Aktionsbuttons »OK« und »Abbrechen«, die ja bei allen Reitern identisch auftauchen. Literale, also die Bezeichner der Felder und der Name des Reiters selbst, werden nicht als DETs gewertet. Somit werten wir für den Reiter »Name« 15 DETs.

Betrachten wir nun den zweiten Reiter, »Privat«, der in Abbildung 4–3 dargestellt ist. Wir zählen hier als DETs: die Felder »Straße«, »Ort«, »Bundesland«, »Postleitzahl«, »Land/Region«, »Standard«, »Website (privat)«, »Rufnummer«, »Fax« und »Mobiltelefon« sowie die Aktionsbuttons »Straßenkarte« und »Gehe zu«. Wir finden hier also noch einmal 12 DETs.

In der Praxis beenden wir unsere Zählung der DETs an dieser Stelle, denn bereits ab 16 DETs gilt nach der Komplexitätstabelle für Eingaben (Tab. 3–1) in Abschnitt 3.8.1 eine Eingabe als mittel oder hoch komplex, abhängig nur noch von der Anzahl der FTRs, also der verwendeten Datenbestände. Der Elementarprozess »Neuer Kontakt« greift nur auf einen Datenbestand, nämlich »Kontakte«, zu, wir erkennen also nur einen FTR. Damit ergibt sich aus der Komplexitätstabelle für Eingaben für diesen Elementarprozess der FP-Wert 4, das entspricht einer mittleren Komplexität.

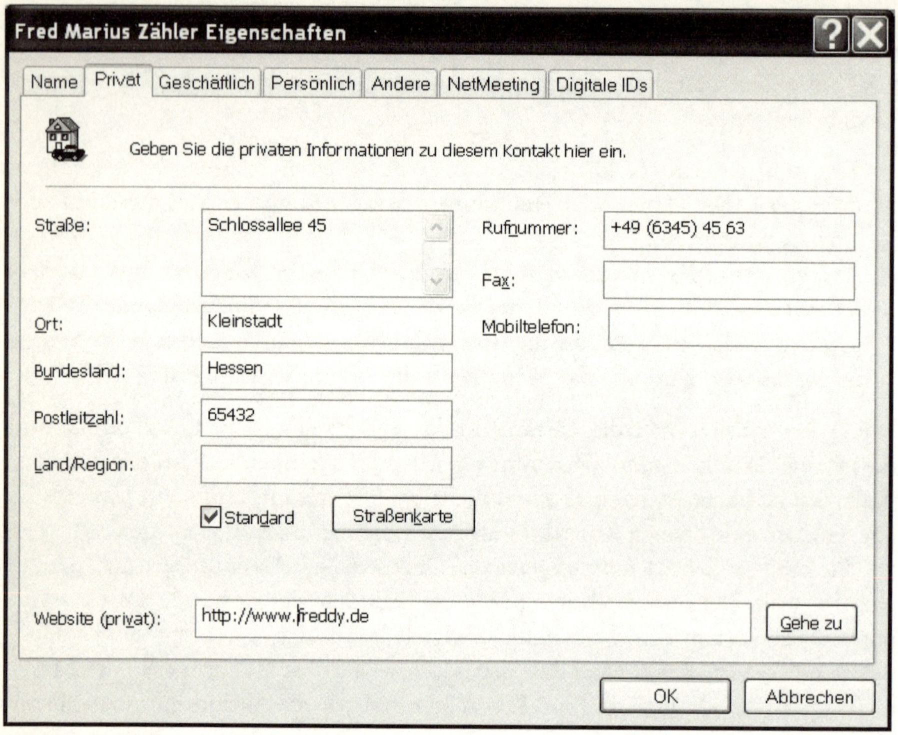

Abb. 4–3 *Erfassungsmaske für einen neuen Kontakt – Reiter »Privat«*

4.3.3 Datenbestand: Kontakte

Datenbestände und Funktionen lassen sich nicht wirklich getrennt voneinander analysieren. Im CPM wird zunächst die Identifikation der Datenbestände beschrieben, dann folgen die Elementarprozesse. Nach unserer Erfahrung ist in der Praxis häufig die umgekehrte Reihenfolge sinnvoller: Die Elementarprozesse eines Systems sind oft leichter erkennbar als die zugehörigen Datenbestände. Letztere ergeben sich aus den analysierten Elementarprozessen andererseits dann oft ganz direkt.

Tatsächlich werden Sie bei einer Analyse iterativ oder in Schleifen vorgehen. Wenn Sie, wie in diesem Beispiel, eine Funktion »Neuer Kontakt« identifizieren, liegt es nahe zu prüfen, ob es nicht auch einen internen Datenbestand »Kontakte« gibt. Haben Sie dies verifiziert, fahren Sie mit der Identifikation der Funktionen fort.

Um zu verifizieren, ob mit der Eingabe »Neuer Kontakt« auch ein Datenbestand »Kontakte« zu zählen ist, werden wieder die Regeln des CPM herangezogen.

4.3 Funktionen und Datenbestände

> *An internal logical file (ILF) is a user identifiable group of logically related data or control information maintained within the boundary of the application. The primary intent of an ILF is to hold data maintained through one or more elementary processes of the application being counted.* [Ein interner Datenbestand ist eine für den Anwender erkennbare Gruppe logisch zusammenhängender Daten oder Steuerinformationen, die innerhalb der Anwendungsgrenze gepflegt werden. Der Hauptzweck eines ILF ist die Speicherung von Daten, die durch einen oder mehrere Elementarprozesse der analysierten Anwendung gepflegt werden.] (CPM 6-3)

Die Kontaktdaten kann man als logisch zusammenhängende Daten bezeichnen. Aufgrund der bereits identifizierten Funktion »Neuer Kontakt« ist schon klar, dass der Datenbestand in der Anwendung auch gepflegt wird. Damit ist hier ein interner Datenbestand »Kontakte« zu bewerten.

Um die Anzahl der zu vergebenden FPs zu ermitteln, müssen nun all die Datenelemente (DETs) gefunden werden, die in diesem Datenbestand vorgehalten werden. In Ermangelung der Kenntnis des Datenmodells für diese Anwendung orientieren wir uns hierzu an den diesen Bestand pflegenden oder referenzierenden Funktionen. Wurde bei der Bestimmung des FP-Wertes bei der Eingabe »Neuer Kontakt« beim Zählen von 20 DETs abgebrochen, da die Tabelle für die Eingabe darüber hinaus keine Unterscheidung macht, müssen bei einem Datenbestand aber mindestens 50 DETs gezählt werden. Wie können wir die Anzahl der DETs und RETs in einem internen Datenbestand bestimmen, ohne seine fachliche Definition zu kennen? Es wird immer legitim sein, auf den Datenbestand aus den Funktionen, die ihn pflegen und nutzen, zurückzuschließen. Das heißt, die Datenelemente und Feldgruppen, die wir in den zugehörigen Funktionen finden, rechnen wir auch dem jeweiligen Datenbestand an. Datenelemente und Feldgruppen eines Datenbestands, die in keiner Funktion verwendet werden, sollten aus fachlicher Sicht nicht vorkommen.

Die Anzahl der DETs lässt sich gemäß den obigen Ausführungen für die Bestimmung der Komplexität der Eingabe »Neuer Kontakt« für die übrigen Reiter fortführen. Diese Übung ergibt eine Anzahl von DETs, die auf jeden Fall größer als 50 ist. Ab 50 DETs gilt ein interner Datenbestand als mittel oder hoch komplex, abhängig von der Anzahl der Feldgruppen oder RETs. Um die Anzahl der RETs korrekt zu bestimmen, müssen wir wiederum die Sicht des Anwenders einnehmen, denn ein RET ist definiert als »eine für den Anwender erkennbare Untergruppe von Datenelementen innerhalb eines ILF oder EIF«. Es liegt nahe zu vermuten, dass die Gestaltung der einzelnen Reiter im Elementarprozess »Neuer Kontakt« dem Verständnis der Anwender bezüglich der logischen Gruppierung der Daten folgt. Deshalb ist es konsequent, hier jeden Reiter als einen RET, insgesamt also 7 RETs, zu werten. Wir können nun also aus der Komplexitätstabelle (Tab. 3–4) in Abschnitt 3.8.2 den FP-Wert des internen Datenbestands »Kontakte« mit 15 FPs bestimmen.

4.3.4 Übersicht Kontakte

Bevor nun die anderen Funktionen besprochen werden, folgt ein Sprung zurück zur Übersicht der angelegten Kontakte. Diese Übersicht erhält man sowohl nach dem Programmaufruf als auch beispielsweise nach dem Anlegen eines Kontaktes, sie ist in Abbildung 4–4 dargestellt.

Selbstverständlich muss auch diese Anzeige daraufhin überprüft werden, ob es sich um einen zu bewertenden Elementarprozess handelt. Da es hier um die Anzeige von Daten geht, stellt sich nur die Frage, ob diese Anzeige im Sinne der FPA eine Ausgabe oder eine Abfrage ist. (Zwar sind auch Eingaben nötig, damit Daten überhaupt angezeigt werden können, aber das »Befüllen« des Datenbestandes ist Teil anderer Elementarprozesse.) Zur Überprüfung werden die Definitionen und Regeln der Ausgabe herangezogen.

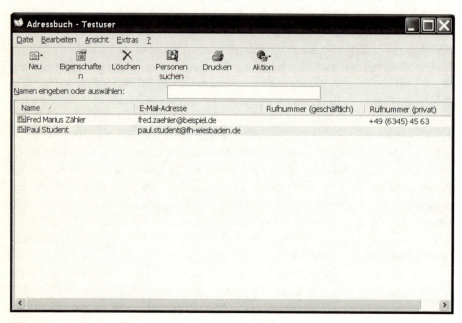

Abb. 4–4 *Anzeigemaske »Übersicht Kontakte«*

Die Formulierung des *primary intent* von Ausgabe und Abfrage lautet: »Die primäre Absicht des Elementarprozesses ist die Ausgabe von Informationen an den Anwender.« Diese primäre Absicht kann bejaht werden, weil dem Anwender bei der Anzeige der Kontaktdaten erste Informationen über den Kontakt zur Verfügung gestellt werden. Also ist eine Unterscheidung zwischen Ausgabe und Abfrage immer noch offen. Die folgenden Zählregeln, die die Einmaligkeit einer Funktion prüfen, greifen hier noch nicht, da es die erste Funktion ist, die gezählt werden soll. Also muss – wie bei jeder ersten identifizierten Funktion – gleich auf

4.3 Funktionen und Datenbestände

die Bedingungen zurückgegriffen werden. Für die Ausgabe gibt es vier, von denen mindestens eine gelten muss.

- *The processing logic of the elementary process contains at least one mathematical formula or calculation.* [Die Verarbeitungslogik des Elementarprozesses enthält mindestens eine mathematische Formel oder Berechnung.]
- *The processing logic of the elementary process creates derived data.* [Die Verarbeitungslogik des Elementarprozesses erzeugt abgeleitete Daten.]
- *The processing logic of the elementary process maintains at least one ILF.* [Die Verarbeitungslogik des Elementarprozesses pflegt mindestens einen ILF (internen Datenbestand).]
- *The processing logic of the elementary process alters the behaviour of the system.* [Die Verarbeitungslogik des Elementarprozesses verändert das Systemverhalten.] (CPM 7-12)

Die erste Bedingung ist mit Nein zu beantworten. Es ist für den Anwender nicht erkennbar, dass hier etwas berechnet wurde, vielmehr werden nur Namen und E-Mail-Adressen angezeigt. Eine Berechnung der Telefonnummer ist auszuschließen. Auch die zweite Bedingung kann nicht mit Ja beantwortet werden, denn die angezeigten Daten sind auch nicht abgeleitet. Womit auch die dritte Bedingung nicht erfüllt ist. Das Anzeigen der Daten verändert den (internen) Datenbestand keineswegs, da weder ein Datensatz hinzukommt noch wegfällt oder geändert wird. Nicht überraschend nun, dass auch die vierte Bedingung nicht zutrifft, denn das Systemverhalten bleibt nach wie vor das gleiche.

Da keine der Bedingungen gilt, ist diese Anzeige der Daten mit Sicherheit nicht als Ausgabe zu zählen. Vielmehr stellt man fest, dass die nachfolgend aufgeführten Bedingungen für eine Abfrage für diesen Elementarprozess erfüllt sind. Hierbei ist zu beachten, das alle Bedingungen gelten müssen, um diese Anzeige als Abfrage werten zu können.

- *The processing logic of the elementary process retrieves data or control information from an ILF or EIF.* [Die Logik des Elementarprozesses bezieht Daten oder Steuerinformationen von einem ILF oder EIF.]
- *The processing logic of the elementary process does not contain a mathematical formula or calculation.* [Die Logik des Elementarprozesses enthält keine mathematische Formel oder Berechnung.]
- *The processing logic of the elementary process does not create derived data.* [Die Logik des Elementarprozesses erzeugt keine abgeleiteten Daten.]
- *The processing logic of the elementary process does not maintain an ILF.* [Die Logik des Elementarprozesses pflegt keinen ILF.]
- *The Processing logic of the elementary process does not alter the behaviour of the system.* [Die Logik des Elementarprozesses verändert nicht das Systemverhalten.] (CPM 7-13)

Untersuchen wir auch hier alle fünf Bedingungen einzeln. Bedingung Nummer eins kann mit Ja beantwortet werden, es werden hier Daten eines Datenbestandes abgefragt. Auch Bedingungen zwei und drei gelten, denn es ist in keiner Weise ersichtlich, dass Daten berechnet oder abgeleitet wurden. Ebenso gilt auch Bedingung Nummer vier, dass der Datenbestand durch das Anzeigen nicht verändert wird. Und auch mit der letzten Bedingung gibt es keine Probleme, denn die Anzeige verändert das Verhalten des Systems nicht.

Da alle Bedingungen gelten und auch der *primary intent* zutrifft, ist diese Anzeige der Daten als Abfrage zu werten.

Zur Bestimmung der Komplexität muss wiederum die Anzahl der Datenelemente ermittelt werden. Hilfestellung gibt die Rubrizierung in »Name«, »E-Mail-Adresse«, »Rufnummer geschäftlich« und »Rufnummer privat«. In jeder Rubrik wird jeweils ein DET angezeigt, so dass hier die Summe von vier DETs gegeben ist. Zusätzlich wird das Feld »Namen eingeben oder auswählen« als ein DET gewertet. Da alle DETs aus demselben Datenbestand kommen, ist ein FTR zu zählen. Nach der Komplexitätstabelle für Abfragen (Tab. 3–3) wird die Komplexität damit als niedrig eingestuft, was 3 FPs bedeutet.

4.3.5 Versteckte Funktionen

Sehr ausführlich sind bisher die beiden Funktionen »neuer Kontakt anlegen« und »Kontaktliste anzeigen« sowie die Identifikation des internen Datenbestandes »Kontakt« erläutert worden. Insgesamt ergeben sie die ersten 22 FPs. Bevor aber weitere eher offensichtliche Funktionen gezählt werden – wie »Kontakt ändern« oder »Kontakt löschen« –, soll nochmals ein Blick auf das Anlegen eines neuen Kontaktes geworfen werden, um zu überprüfen, ob sich nicht noch andere Funktionen dahinter »verstecken«. Es muss schließlich darauf geachtet werden, dass man alle Funktionen bzw. Elementarprozesse identifiziert und bewertet. Man kann nicht immer davon ausgehen, dass identifizierte Elementarfunktionen nicht Variationen besitzen oder dem Nutzer Funktionen zur Verfügung stellen, die im ersten Moment als zu zählende Elementarprozesse nicht offensichtlich sind. So können etwa bei Eingabemasken Funktionen »versteckt« sein, die dem Benutzer alle schon vergebenen Personalnummern anzeigen. Diese Anzeige der Daten muss als eigene Funktion gezählt werden, da es sich um einen fachlichen Elementarprozess handelt. Denn das Anzeigen der schon vergebenen Personalnummern kann – auch ohne Eingabe eines neuen Datensatzes – fachlich von Interesse sein.

Nur mit Hilfe des Regelwerkes kann korrekt entschieden werden, ob zu bewerten ist oder nicht. Erfahrungsgemäß hilft bei dieser Entscheidung meist die Frage nach dem *primary intent* oder die Frage nach dem Elementarprozess weiter. Im Folgenden einige konkrete Beispiele aus dem Adressbuch:

Auf der Suche nach »versteckten Funktionen« legen wir nochmals einen neuen Kontakt an, wie in Abbildung 4–5 gezeigt. Nach Aufruf erscheint die Maske mit

4.3 Funktionen und Datenbestände

dem ersten Reiter. Ist der Name eingegeben, stößt man auf die Eingabe der E-Mail-Adresse, die mit Hilfe von Funktionsbuttons angelegt werden kann.

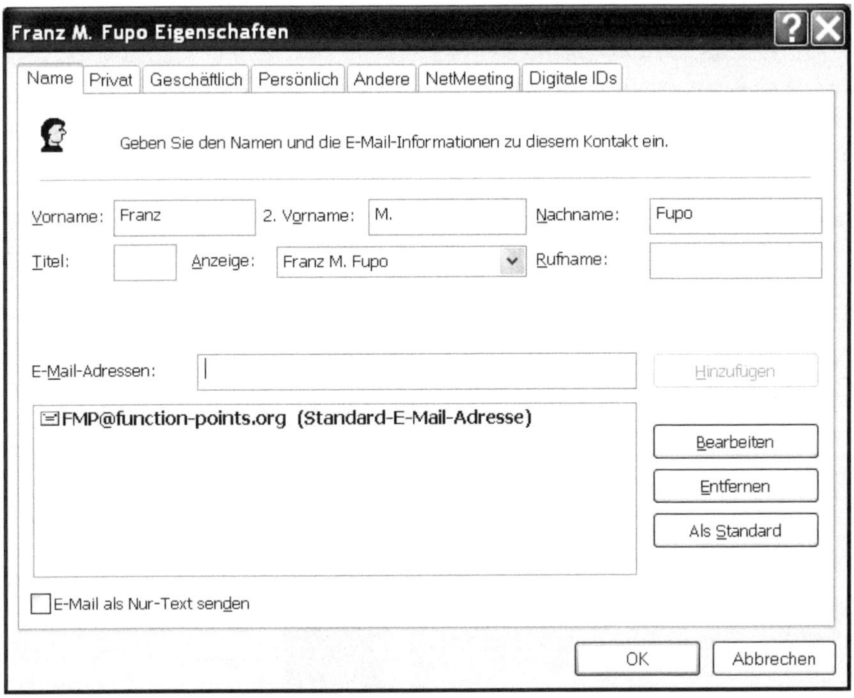

Abb. 4–5 *E-Mail-Adresse hinzufügen*

Auf den ersten Blick liegt es nahe, das Anlegen einer E-Mail-Adresse als Eingabe zählen zu wollen. Schließlich kommen Daten in das System hinein und mit dem Button »Hinzufügen« wird (scheinbar) auch ein Elementarprozess abgeschlossen. Zudem ist es eine logische Menge von Aktivitäten.

Bei genauerer Betrachtung ist dem aber nicht so. Das Anlegen der E-Mail-Adresse ist für sich genommen nämlich kein Elementarprozess, da es fachlich-logisch bei dieser Anwendung keinen Sinn ergibt, nur eine E-Mail-Adresse anzulegen. Zudem ist das Anlegen der E-Mail-Adresse fest eingebettet in den gesamten Elementarprozess des Anlegens eines Kontaktes. Und auch die Aktionsbuttons spiegeln in diesem Fall nicht Funktionen im Sinne der FPA wider. Hat man nämlich eine E-Mail-Adresse hinzugefügt und den entsprechenden Button gedrückt, wird diese zwar in die Liste übernommen. Doch gespeichert wird sie nur dann, wenn auf den OK-Button für das Anlegen des gesamten Kontaktes gedrückt wird. Erst mit OK wird die Eingabe übernommen, das reine Hinzufügen reicht nicht aus. Fügt man nur hinzu, wird weder ein Datenbestand geändert (Bedingung der Eingabe), noch wird das System in einem konsistenten Zustand hinterlassen. Die Buttons »Hinzufügen«, »Bearbeiten« und »Entfernen« lösen also Funktionen aus, die Teil des Elementarprozesses »Kontakt neu« sind, bilden aber selbst keinen eigenen Elementarprozess.

Auf dem zweiten Reiter »Privat« findet sich unter den Eingaben zu Straße und Ort der Button »Straßenkarte« (vgl. Abb. 4–3). Klickt man ihn an, öffnet sich automatisch der Internet Explorer und zeigt eine Internetseite an, die die Adresse auf einer Karte ausgibt, wie in Abbildung 4–6 dargestellt. Liegt hier ein Elementarprozess vor, der gezählt werden muss?

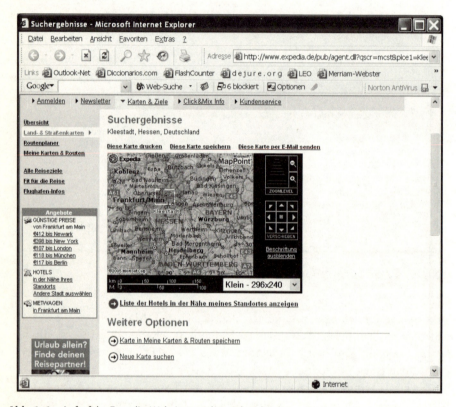

Abb. 4–6 Aufruf der Expedia-Website aus dem Adressbuch

Betrachtet man diese Funktion genauer, kann man Folgendes erkennen: Durch den Klick auf den Button wird nicht nur der Internet Explorer geöffnet, sondern zudem eine bestimmte Internetseite, nämlich *www.expedia.de*, aufgerufen. Dieser werden Daten, nämlich Straßenname, Ort und Land, übergeben, die aus dem Adressbuch stammen. Man könnte auch anders sagen: Der Anwendung Expedia wird über eine Systemschnittstelle die Adresse übergeben.

Diese Aktion lässt sich nicht weiter zerlegen. Die Übergabe z. B. nur des Orts ohne den Straßennamen ergäbe keinen Sinn. Nach Ausführen dieser Aktion ist

4.3 Funktionen und Datenbestände

die zu analysierende Anwendung Adressbuch in einem konsistenten Zustand. Eine ähnliche oder gar gleiche Funktion haben wir bisher in der Anwendung nicht identifiziert. Damit sind also alle Voraussetzungen für die Einstufung dieser Funktionalität als Elementarprozess gegeben.

Offensichtlich haben fachliche Daten die Anwendungsgrenze nach außen überschritten. Es handelt sich also entweder um eine Abfrage oder eine Ausgabe. Hierzu müssten wir vor allem wissen, ob die Funktion abgeleitete oder berechnete Daten enthält. Ohne diese Frage an dieser Stelle sicher klären zu können, denn wir haben keinen Spezialisten für die Schnittstelle zur Anwendung Expedia zur Verfügung, können wir wie bei den meisten Systemschnittstellen annehmen, dass im Zuge der Übermittlung der Daten diese in irgendeiner Form aufbereitet werden müssen, indem z. B. Textfelder in numerische Felder umgewandelt, Zahlenformate angepasst, Felder verkettet oder aufgeteilt werden. Wie fast immer bei einer Systemschnittstelle entscheiden wir uns also für die Wertung als Ausgabe (EO).

Um diese Ausgabe zu gewichten, müssen wieder DETs und FTRs ermittelt werden. Es handelt sich dabei auf jeden Fall um weniger als 20 DETs, denn es wird ja nur die Adresse übermittelt, und nur um ein FTR. Diese Ausgabe wird gemäß der Komplexitätstabelle für Ausgaben (Tab. 3–2) auf Seite 53 als »low« eingestuft, und demnach mit 4 FPs bewertet.

Abb. 4-7 *Erfassungsmaske für einen neuen Kontakt – Reiter »Geschäftlich«*

Was ist nun mit der gleichen bzw. ähnlichen Funktion, die sich einen Reiter weiter befindet, wie in Abbildung 4–7 gezeigt? Auch hier wird über den Button »Straßenkarte« die Webseite aufgerufen. Die eigentliche Verarbeitungslogik ist offensichtlich vollkommen identisch. Hier greift jedoch die Einmaligkeitsregel für Elementarprozesse, die dazu zwingt, einen Elementarprozess dann als einmalig zu werten, wenn Informationen aus anderen Datenfeldern verarbeitet werden. Da einmal die Privatadresse, beim zweiten Fall aber die Geschäftsadresse an Expedia übermittelt wird, ist dieser Elementarprozess zweimal zu werten.

Es befindet sich auf den Reitern »Privat« und »Geschäftlich« unten jeweils noch die Möglichkeit, eine private bzw. eine geschäftliche Website anzugeben (vgl. Abb. 4–3 und Abb. 4–7). Klickt man auf »Gehe zu« wird wieder der Internet Explorer gestartet und die eingegebene Seite aufgerufen. Auch hier werden fachliche Daten übergeben, nämlich jeweils die Adresse der Website. Anders als bei der Funktion »Straßenkarte« gehen wir hier jedoch davon aus, dass die übergebenen Daten nicht weiter berechnet oder abgeleitet werden, und werten diesen Elementarprozess also zweifach als Abfrage (EQ), jeweils für den Aufruf der privaten und der geschäftlichen Website.

Schließlich findet man auf dem Reiter »Persönlich« die Möglichkeit, über Aktionsbuttons die Namen von Kindern hinzuzufügen, zu ändern und zu löschen. Es ist die gleiche Vorgehensweise wie oben beim Anlegen der E-Mail-Adressen. Auch diese Aktionsbuttons repräsentieren keine eigenständige Elementarprozesse, sondern sind Bestandteil des Elementarprozesses »Neuer Kontakt«.

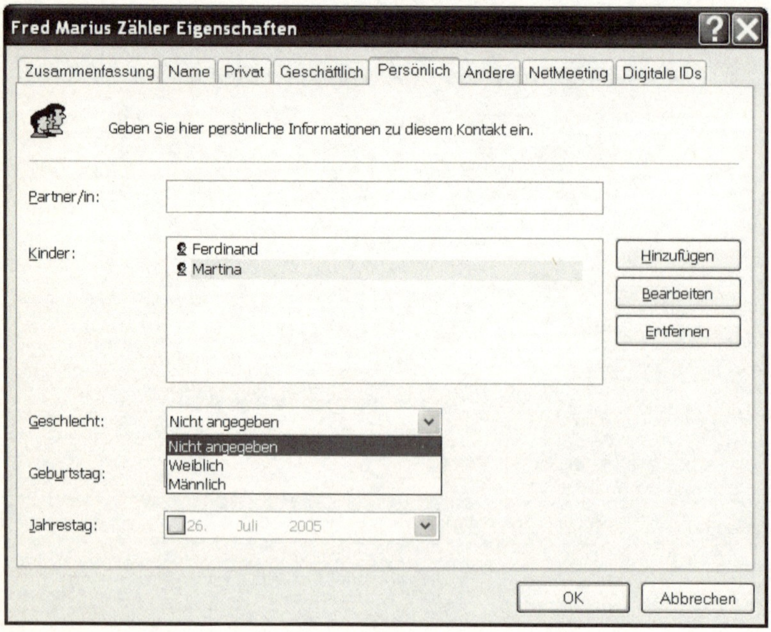

Abb. 4–8 *Erfassungsmaske für einen neuen Kontakt – Reiter »Persönlich«*

4.3.6 Exkurs: Listboxen

Unterhalb des Felds »Kinder« in Abbildung 4–8 finden sich drei Listboxen oder auch Picklisten, und zwar für »Geschlecht«, »Geburtstag« und »Jahrestag«. Öffnet man die Liste für »Geschlecht«, bekommt man die Möglichkeiten »Nicht angegeben«, »Männlich« und »Weiblich« angeboten. Durch einen einfachen Klick wird die Auswahl übernommen.

In der Praxis wird uns immer wieder die Frage gestellt: »Wie bewertet man eigentlich Listboxen oder Picklisten?« Unsere Antwortet lautet: »Wir bewerten keine Listboxen – wir bewerten Elementarprozesse.« Listboxen oder Picklisten sind programmiertechnische Konstrukte, die der Präsentation und Auswahl von Daten in einem Dialog dienen. Ob mit einer Listbox ein Elementarprozess zu werten ist, muss in jedem Einzelfall entschieden werden. Dazu sind jeweils die Regeln für die Identifikation eines Elementarprozesses anzuwenden.

Zwei Beispiele sollen dies verdeutlichen. Betrachten wir zunächst die Listbox »Geschlecht« aus Abbildung 4–8. Die Auswahlliste »Nicht angegeben«, »Weiblich« und »Männlich« repräsentiert die zulässige Wertemenge des Felds »Geschlecht«. Es werden also keine Daten aus einem fachlichen Datenbestand präsentiert, sondern Metadaten, die ein konkretes Attribut im internen Datenbestand »Kontakte« beschreiben. Das CPM fordert für eine Abfrage oder Ausgabe »Die Funktion schickt Daten oder Steuerinformationen über die Anwendungsgrenze«, wobei mit dem Begriff Daten hier fachliche Daten gemeint sind. Diese Regel ist für die Listbox »Geschlecht« nicht erfüllt, folglich kann sie auch nicht als Elementarprozess gewertet werden.

Anders sieht es aus, wenn eine Listbox fachliche Daten präsentiert, wie in Abbildung 4–9 dargestellt. Hier zeigt die Listbox »Kundennummer« die Liste der Kundennummern der aktuell in der Datenbank vorhandenen Kunden an. Sind also hier die Anforderungen an einen Elementarprozess erfüllt? Letztlich müssen wir wieder den Anwender entscheiden lassen, ob aus seiner Sicht diese Listbox eine kleinste sinnvolle Aktivität in dem System bildet. Bejaht er es, indem er etwa sagt, dass eine Übersicht der angelegten Kundennummern für seine Arbeit von Bedeutung ist, bleibt dann noch die Frage, ob dieser Prozess das System in einem konsistenten Zustand belässt. Dies kann hier mit Sicherheit angenommen werden. Wir müssen hier also einen Elcmentarprozess vom Typ Ausgabe oder Abfrage werten. Da offensichtlich keine Daten abgeleitet oder berechnet werden, liegt eine Abfrage vor. Die Anzahl der DETs und RETs beträgt jeweils 1, damit bestimmen wir den Wert dieser Abfrage mit 3 FPs.

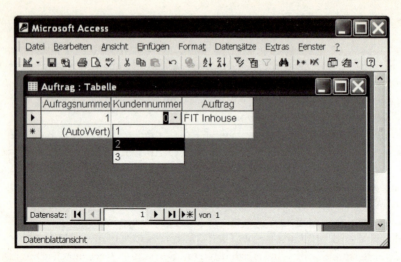

Abb. 4–9 Beispiel für eine Listbox mit Elementarprozesscharakter

Listboxen bieten neben der Anzeige einer Liste in der Regel auch die Möglichkeit, ein Element auszuwählen, das dann als Wert in das zugehörige Eingabefeld übernommen wird. Hierbei handelt es sich um keinen eigenständigen Elementarprozess, denn die Übernahme des Listenwerts in das Eingabefeld ist im Sinne der FPA alleine noch keine sinnvolle Aktivität. Vielmehr ist diese Funktionalität wiederum Teil des zugehörigen Elementarprozesses vom Typ Eingabe, das Eingabefeld selbst wird diesem als ein DET angerechnet.

4.3.7 Einzelner Kontakt anzeigen

Sind Kontakte angelegt, kann man sich über die Funktion »Eigenschaften«, die z. B. durch Doppelklick auf einen Kontakt in der »Übersicht Kontakte« gestartet werden kann, alle Daten des Kontakts anzeigen lassen. Daraufhin erscheint die in Abbildung 4–10 gezeigte Maske.

Die Kontaktdaten werden zunächst auszugsweise im Reiter »Zusammenfassung« angezeigt. Die weiteren Reiter gleichen denen aus der Funktion »Neuer Kontakt«. Die Hauptintention dieses Elementarprozesses ist also die Ausgabe von Daten aus dem System, es kommt eine Wertung als Ausgabe oder Abfrage in Betracht. Zu klären wären also noch die Fragen, ob Daten abgeleitet oder berechnet werden, ob der Elementarprozess einen internen Datenbestand pflegt oder ob er das Systemverhalten ändert.

4.3 Funktionen und Datenbestände

Abb. 4–10 *Anzeigemaske für »Kontakt anzeigen«*

Im vorliegenden Fall handelt es sich um eine Abfrage, da weder eine Berechnung ersichtlich ist, noch davon ausgegangen werden kann, dass der Datenbestand »Kontakte« durch diese Funktion verändert wird. Und natürlich kann nach Ausführung dieser Funktion auch keine Änderung des Systemverhaltens beobachtet werden. Die Komplexität wird wieder anhand der DETs und RETs bestimmt. Es muss dabei darauf geachtet werden, dass keine DETs doppelt gezählt werden. Beispielsweise wird auf dem ersten Reiter der Nachname angezeigt wie ebenfalls auf dem zweiten. Hier und in vergleichbaren Fällen kann dafür nur ein DET gezählt werden. In unserem Beispiel ist die Anzahl der DETs und RETs identisch mit der bereits bei dem Elementarprozess »Neuer Kontakt« bestimmten Anzahl, so dass 4 FPs gewertet werden.

4.3.8 Kontakt ändern und löschen

Hat man einen Kontakt angelegt, so sollen diese Daten später auch gelöscht und geändert werden können. Diese Elementarprozesse bestehen jeweils aus mehreren Schritten, nämlich: Aufruf der Anwendung, Aussuchen des Namens aus der

Liste, Anzeigen der Detailinformationen zum ausgewählten Kontakt, dann etwa Ändern der Daten und Bestätigen mit »OK«. Diese Funktionen sind z.T. in der Anwendung Outlook-Adressbuch nur indirekt, d. h. nicht über einen Menüeintrag oder einen Aktionsbutton, erreichbar. Die Funktion »Kontakt ändern« ist nur über die weiteren Reiter in der Funktion »Kontakt anzeigen«, wie in Abbildung 4–10 dargestellt, erreichbar.

Wir betrachten zunächst die Funktion »Kontakt ändern«. Der Primärzweck des Änderns im Sinne der FPA ist eine Eingabe, denn Daten werden, ähnlich wie bei der Neuanlage, in das System hineingegeben.

Ein Datenbestand, nämlich der schon identifizierte interne Datenbestand »Kontakte«, wird gepflegt. Diese fachliche Funktionalität ist noch nicht gezählt worden. Von der Komplexität her wird »Kontakt ändern« hier wie »Neuer Kontakt« bewertet, weil die Änderung an jedem der Datenelemente vorgenommen werden kann. Wir verzichten hier auf den »Beweis« in Form der Darstellung der einzelnen Reiter. Wer die Anwendung zur Verfügung hat, wird dies selbst leicht nachvollziehen können. Diese Eingabe wird nach der Komplexitätstabelle also ebenfalls mit 4 FPs bewertet.

Doch Vorsicht! Die Übereinstimmung in der Komplexität von Neuerfassung und Änderung kann in der Regel nicht angenommen werden. In der Praxis kommt es vor, dass bei der Neuanlage eines Datensatzes alle Datenfelder frei geschaltet sind, um den Datensatz auch komplett erheben zu können. Bei der Änderung des Datensatzes dagegen werden aus rechtlichen oder Sicherheitsgründen nur noch die Datenelemente angezeigt, die änderbar sind. In diesem Fall können nur die Datenelemente als DETs gezählt werden, die veränderbar sind. Die Komplexität der Funktion »Ändern« wäre niedriger als die der Funktion »Neuanlage«.

Die Funktion »Kontakt löschen« ist in der Adressbuchanwendung realisiert durch den Aktionsbutton »Löschen« und den Eintrag »Löschen« in der Menüstruktur. Auch »Kontakt löschen« wird als Eingabe gewertet. Zwar werden keine inhaltlichen oder fachlichen Daten in die Anwendung eingegeben, aber die Anweisung an das System, einen bestimmten Kontakt zu löschen, wird als Steuerinformation interpretiert. Damit wird aber auch ein interner Datenbestand gepflegt. Die Sicherheitsabfrage »Möchten Sie die markierten Objekte wirklich unwiderruflich löschen?« ist Teil des Elementarprozesses und kann nicht als zusätzliche Abfrage gezählt werden. Die DETs und FTRs werden dabei wie folgt gezählt: Um einen Datensatz zu löschen, benötigt die Anwendung nur die Information, welcher Datensatz gelöscht werden soll. Dieser fachliche Schlüssel wird als ein DET gezählt. Hinzu kommt ein weiteres DET für das Bestätigen der Sicherheitsabfrage, ob wirklich gelöscht werden soll. Wir haben insgesamt zwei DETs und ein FTR, das ergibt nach der Tabelle eine niedrige Komplexität und wird mit 3 FPs bewertet.

4.3.9 Suchen

Eine weitere Funktion, die die Anwendung bereithält, ist das Suchen nach einem Kontakt bzw. nach verschiedenen Elementen. Mit einem Klick auf den Aktionsbutton »Personen suchen« öffnet sich die in Abbildung 4–11 gezeigte Maske. In dieser kann man ein einziges Feld oder auch mehrere Felder ausfüllen. Wir ignorieren im Sinne des Analyseumfangs an dieser Stelle die Möglichkeiten dieser Funktion, auch in anderen Anwendungen als dem Adressbuch Suchen durchzuführen.

Abb. 4–11 *Eingabemaske »Suchen«*

Das Ergebnis der Suche wird als Liste in der in Abbildung 4–12 dargestellten erweiterten Maske angezeigt. Die Erfassung der Suchkriterien und die Anzeige der Ergebnisliste sind hier zusammen als ein Elementarprozess zu werten, denn die Erfassung der Suchkriterien allein ist noch keine sinnvolle Aktivität. Der Hauptzweck dieses Elementarprozesses ist sicherlich die Anzeige von Daten für den Anwender, womit sich die Frage stellt, ob es sich um eine Ausgabe oder Abfrage handelt. Nach einem Blick auf die Regeln des CPM steht fest, dass es sich um eine Abfrage handelt, da hier keine Daten abgeleitet werden und bei der Suche auch keine weiteren Berechnungen vorgenommen werden.

Die Komplexität der Abfrage setzt sich zusammen aus den Ein- und Ausgabefeldern. Das heißt, es werden die DETs der Eingabeseite wie auch die DETs der Ausgabeseite gezählt, wobei bei beiden vorkommende Felder nur einmal gezählt werden. Hier finden wir also insgesamt sieben DETs (»Name«, »E-Mail-Adresse«, »Adresse« und »Andere« im Eingabeteil sowie »Rufnummer privat« und »Rufnummer geschäftlich« im Ausgabeteil) sowie jeweils einen DET für die Aktionsbuttons »Suche starten«, »Anhalten« und »Alle löschen«[23] bei einem FTR. Das ergibt nach der Komplexitätstabelle für Abfragen 3 FPs.

---

23. Die Funktion dieses Buttons ist nicht etwa das Löschen aller Datensätze, sondern das Zurücksetzen aller Suchkriterien auf leere Felder.

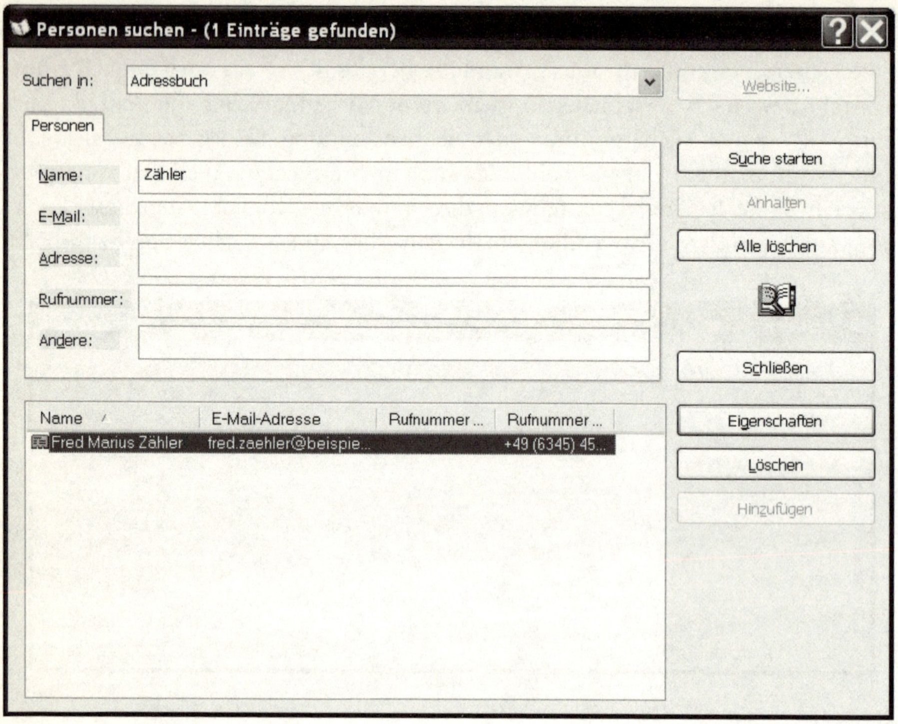

Abb. 4–12 *Ergebnismaske »Suchen«*

Alle anderen in dieser Maske aufrufbaren Funktionen wie »Eigenschaften« oder »Löschen« wurden bereits an anderer Stelle gezählt.

4.3.10 Druckausgaben

Des Weiteren besteht die Möglichkeit, Kontakte auch auszudrucken. Über die entsprechende Funktion wird eine Maske angezeigt, bei der im oberen Teil die Druckerauswahl möglich ist, im unteren Teil die Ausgabe, was gedruckt werden soll.

4.3 Funktionen und Datenbestände

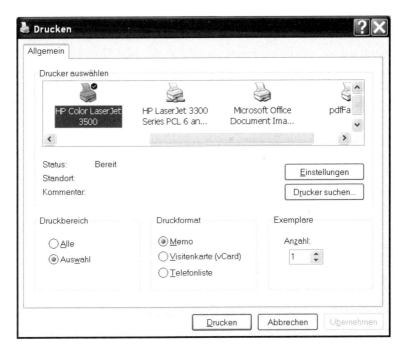

Abb. 4–13 Drucken

Hier stellt sich ganz konkret die Frage nach der Abgrenzung der Anwendung: Welches sind Funktionen der zu zählenden Anwendung und welches sind Funktionen einer anderen Anwendung, die in dieser Maske nur sichtbar werden? Ist die Möglichkeit, einen bestimmten Drucker auswählen und dessen Eigenschaften einstellen zu können, eine Funktion des Adressbuches? Nach der Abgrenzung, wie wir sie weiter oben für dieses Beispiel gesetzt haben, gehören diese Funktionen nicht zum Adressbuch.

So wird für dieses Beispiel nur der untere Bereich der Maske betrachtet. Wie viele Elementarprozesse »verbergen« sich dort?

In dem Auswahlkästchen »Druckformat« gibt es die Möglichkeit, drei Formate auszuwählen. Für eine korrekte Zählung lassen wir uns für alle drei Beispielausdrucke zeigen. Bei der Sichtung stellen wir fest, dass in allen drei Dokumenten andere Datenfelder ausgedruckt werden. Bei »Memo« handelt es sich um 19 DETs, bei »Visitenkarte« um sechs und bei »Telefonliste« um drei. Es handelt sich also um drei verschiedene Elementarprozesse, die aufgrund ihres offensichtlichen Hauptzwecks entweder als Ausgabe oder als Abfrage zu bewerten sind.

Als Nächstes ist also die Frage zu untersuchen, ob die Kriterien für eine Ausgabe erfüllt sind. Wir stellen schnell fest, dass in Druckausgaben keine abgeleiteten oder berechneten Daten enthalten sind, kein interner Datenbestand gepflegt wird und sich das Systemverhalten nicht ändert. Wir entscheiden uns deshalb für eine Bewertung als Abfrage und stellen weiterhin fest, dass die Anzahl der referenzierten Datenbestände, FTRs, jeweils eins ist. Wir bewerten also jeden der drei Elementarprozesse nach der Komplexitätstabelle für Abfragen (Tab. 3–3) in Abschnitt 3.8.1 mit 3 FPs.

Die Möglichkeit, einen »Druckbereich« festzulegen, ist jeweils Teil der drei identifizierten Elementarprozesse, da es sich für sich genommen ja nicht um eine sinnvolle Aktivität für den Anwender handelt. Erst zusammen mit der jeweiligen Druckausgabe ergibt sich der Sinn der Auswahl des Druckbereichs. Dies gilt auch analog für die Möglichkeit, die Anzahl der auszudruckenden Kopien einstellen zu können.

4.3.11 Zwischenbilanz

Zieht man an dieser Stelle eine Zwischenbilanz, ergibt sich das in Abbildung 4–14 dargestellte Bild der bewerteten Funktionen. Insgesamt können danach bisher 63 FPs gewertet werden, 48 FPs für die Elementarprozesse und weitere 15 FPs für den internen Datenbestand.

Eine komplette, ausführlich erläuterte Analyse des Adressbuches würde den Rahmen dieses Buches sprengen. Deshalb zeigen wir in der Folge nur einen Ausschnitt weiterer Elementarprozesse auf. Die vollständige Analyse ist im Internet unter *www.fpa-praxishandbuch.de* abrufbar.

Elementarprozess Datenbestand	Typ	DET	FTR / RET	FPs
Neuer Kontakt	EI	> 15	1	4
Übersicht Kontakte	EQ	4	1	3
Eigenschaften (Kontakt anzeigen)	EQ	> 19	1	4
Straßenkarte (Reiter Privat)	EO	3	1	4
Straßenkarte (Reiter Geschäftlich)	EO	3	1	4
Gehe zu (Reiter Privat)	EQ	1	1	3
Gehe zu (Reiter Geschäftlich)	EQ	1	1	3
Einzelner Kontakt anzeigen	EQ	> 19	1	4
Kontakt ändern	EI	> 15	1	4
Kontakt löschen	EI	1	1	3
Suchen	EQ	10	1	3
Drucken Memo	EQ	19	1	3
Drucken Visitenkarte	EQ	6	1	3
Drucken Telefonliste	EQ	3	1	3
Datenbestand Kontakte	ILF	>50	7	15
Summe				**63**

Abb. 4–14 Erste identifizierte Elementarprozesse und Datenbestände im Windows-Adressbuch

4.3.12 Weitere Funktionen

Es kommt immer wieder vor, dass in einer Anwendung manche Funktionen nicht unmittelbar erkennbar sind, weil sie nicht oft gebraucht werden oder beim Anwender bestimmte Vorkenntnisse über das System voraussetzen. Nicht nur bei diesem Beispiel ist es daher sinnvoll, die gesamte Menüleiste (vgl. Abb. 4–15) durchzugehen und zu überprüfen, ob Funktionen vorliegen.

Abb. 4–15 *Menüleiste*

Ein Beispiel aus der Menüleiste: Unter »Datei« findet sich zuerst »Neuer Kontakt«, der schon bewertet wurde, dann aber auch noch »Neue Gruppe« und »Neuer Ordner«. Bei »Neue Gruppe« wird ein Alias-Name erstellt, dem verschiedene E-Mail-Adressen zugeordnet werden können. »Neuer Ordner« dient ebenfalls zur Strukturierung der Kontaktdaten. Gruppe und Ordner können jeweils angelegt, verändert und gelöscht werden. Für eine FP-Analyse ergibt das folgende Elementarprozesse:

- Anlegen eines Ordners – Eingabe
- Ändern eines Ordners – Eingabe
- Löschen eines Ordners – Eingabe
- Eigenschaften Ordner – Abfrage
- Anzeige Ordner – Abfrage
- Datenbestand Ordner – Interner Datenbestand

Diese Funktionen zu Ordner und der Datenbestand werden gewertet, auch wenn an dieser Stelle das Argument auftauchen könnte, hier handele es sich um eine reine Strukturierung von bereits vorliegenden Daten. In solchen Fällen muss hinterfragt werden, ob diese Möglichkeiten fachlich gefordert wurden. Wäre das Verwalten von Ordnern an dieser Stelle nur eine zusätzliche Funktion, die aufgrund der technischen Implementierung bereitgestellt wird, dürften diese Funktionen nicht mitbewertet werden. Bei diesem Beispiel gehen wir davon aus, dass es eine Anforderung der Anwender war, Daten in verschiedenen Ordnern verwalten zu können.

An diesem Beispiel zeigt sich auch, dass der FP-Experte immer wieder die Hilfe und Unterstützung von Anwendern benötigt. Bei dem Kriterium Anwendersicht ist eben letztlich per definitionem der Anwender gefragt.

Darüber hinaus können u. a. noch folgende Funktionen identifiziert werden:

- Kontakt in Gruppe verschieben – Eingabe
- Kontakt in Ordner verschieben – Eingabe
- Gruppe in Ordner verschieben – Eingabe

Unter »Datei« findet man auch den Punkt »Identität wechseln«. Mit Identität ist sozusagen eine Benutzerkennung für Anwendung gemeint. Dieser Menüpunkt gliedert sich weiter auf in:

- Identität anlegen – Eingabe
- Identität ändern – Eingabe
- Identität löschen – Eingabe
- Identität anzeigen – Abfrage
- Liste der Identitäten anzeigen – Abfrage
- Identität abmelden – Eingabe
- Identität wechseln – Eingabe

Überall im Adressbuch findet man zudem die Möglichkeit, einen Kontakt zu kopieren bzw. ihn in die Zwischenablage zu legen. Fachliche Daten werden also über die Anwendungsgrenze hinaus in einem anderen System »zwischengelagert«. Bevor aber mit der Identifizierung begonnen wird, soll an die Anwendungsabgrenzung erinnert werden. Denn Kopieren bzw. Ausschneiden und Einfügen sind keine Funktionalitäten der Anwendung Adressbuch, sondern Windows-Standardfunktionen, und können daher innerhalb des Adressbuches nicht gewertet werden.

Interessant ist auch die Möglichkeit, Kontakte zu importieren bzw. zu exportieren. Importiert werden kann eine Adressbuchdatei in einem bestimmten Datenformat sowie eine Visitenkartendatei, ebenfalls in einem bestimmten Datenformat. Darüber hinaus ist aber auch der Import gesamter Adressbücher möglich. Es werden, wie in Abbildung 4–16 gezeigt, sieben verschiedene Datenformate angezeigt, die importiert werden können. Da jedes Datenformat eine andere Verarbeitungslogik besitzt – die Daten müssen für die Schnittstellen jeweils unterschiedlich aufbereitet werden –, muss für jedes Datenformat auch eine eigene Eingabe gezählt werden. Insgesamt besteht die Importfunktion also aus neun Eingaben, je eine für Adressbuchdatei und Visitenkartendatei sowie sieben für die gesamten Adressbücher.

4.3 Funktionen und Datenbestände

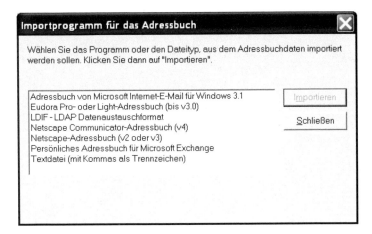

Abb. 4-16 *Standard-Importmöglichkeiten*

Analog zum Import verhält sich auch der Export. Ohne große Zweifel ist der Export als Ausgabe zu zählen. Es können, analog zum Import, wieder Adressbuchdateien, Visitenkartendateien und das gesamte Adressbuch exportiert werden, Letzteres aber nur in zwei alternativen Formaten. So kommt man hier auf eine Zahl von vier Exportfunktionen.

5 Tipps für die Zählpraxis

5.1 Näherungsverfahren und FP-Prognosen

Mit einer Function-Point-Analyse wird eine Messung des Leistungsumfangs eines Projekts oder einer Anwendung vorgenommen. Im Idealfall ist das zu messende Objekt genau bekannt, und es steht genügend Zeit für eine präzise Messung zur Verfügung. In der Praxis ist die Situation jedoch oft eine andere, z. B.:

- Es soll ein Anforderungskonzept für eine neue Anwendung bewertet werden. Die Anforderungen sind dem Geschäftsbereich zwar grundsätzlich klar, aber noch nicht systematisch und vollständig in einem Anforderungsdokument beschrieben.
- Die zu bewertende Anwendung gibt es schon, sie kann vom FP-Experten auch gesichtet werden, es ist aber kein Interviewpartner verfügbar, der die Anwendung aus der Anwendersicht erläutern kann.
- Es steht nur begrenzte Zeit für die Durchführung einer Analyse zur Verfügung. Deshalb können nicht alle Details erhoben werden.

In diesen und ähnlichen Fällen muss man sich mit Näherungen und FP-Prognosen behelfen. Bei einer Näherung geht es darum, Unschärfen im Ergebnis bewusst und kontrolliert in Kauf zu nehmen, um auf der anderen Seite Aufwand einzusparen. FP-Prognosen hingegen dienen dazu, noch nicht sicher spezifizierte Anwendungen zu beurteilen, etwa im Falle der Analyse einer noch nicht vollständig detaillierten Anforderungsbeschreibung.

Andererseits verwenden wir in FP-Prognosen sinnvollerweise gerade unsere Erfahrungen aus den Näherungen. Für eine Näherung ist nur eine geringere Detailkenntnis notwendig. Genau das ist gerade die Situation bei einer Prognose, wenn die Anforderungen noch nicht vollständig und detailliert beschrieben sind. Gute Prognosen und Näherungen sind nicht voneinander zu trennen.

Die Anwendung von Näherungen verlangt entsprechende Erfahrung, wenn man sich nicht der Gefahr von Fehlbewertungen aussetzen will. Auch wenn wir im Folgenden Beispiele für von uns verwendete typische Näherungen geben, sollte ein angehender FP-Experte zunächst einmal die »korrekte« Bewertung nach dem CPM üben. Wer in der Lage ist, gute Näherungen durchzuführen, wird dann in der Regel auch zutreffende FP-Prognosen erstellen können.

Wie gut oder schlecht darf oder soll eine Näherung sein? Zunächst sollte man sich klar machen, dass eine Analyse ja immer von Menschen durchgeführt wird; »Messfehler« lassen sich also nicht ganz ausschließen. Wir gehen davon aus, dass der Messfehler selbst bei einer vollständig nach den Regeln des CPM durchgeführten Analyse bei bis zu 5 % liegt, und zwar in gleicher Weise nach oben oder unten. Da ein FP-Wert in der Regel immer in Bezug zu anderen Größen, wie etwa dem Projektaufwand, gesetzt werden wird, sollten Sie auch einmal überlegen, wie präzise diese in Ihrem Unternehmen gemessen werden können. Es macht wenig Sinn, wenn der ermittelte FP-Wert genauer ist als die Messung des Ist-Aufwands in einem Projekt, die z. B. durch Fehlerfassungen und Rundungen in der Zeiterfassung der Mitarbeiter verfälscht sein kann.

Nach unserer Erfahrung kann ein Fehler im FP-Wert von bis zu 10 % (bei einem Konfidenzintervall von 95 %, entsprechend zwei Standardabweichungen) in der Praxis noch toleriert werden. Als praktisch tätiger FP-Experte werden sie schnell selbst feststellen, dass auch hier die 80/20-Regel gilt: Die letzten 20 % Präzision der Analyse erfordern 80 % des Aufwands. Wir würden diese nach unserer Erfahrung ergänzen: Die letzten 10 % Präzision in einer FPA verdoppeln etwa den notwendigen Aufwand.

Aber, wie gesagt, verschaffen Sie sich am besten selbst in Ihrer Praxis einen Eindruck von dem durch unsere »Näherungsvorschläge« eingesparten Aufwand einerseits und der damit verbundenen Unschärfe andererseits.

5.1.1 Ausgabe oder Abfrage?

Das wesentliche Unterscheidungsmerkmal zwischen Ausgabe und Abfrage ist ja, dass eine Ausgabe im Gegensatz zur Abfrage abgeleitete oder berechnete Daten enthält, dass sie einen internen Datenbestand pflegt oder dass sie das Systemverhalten verändert (vgl. Abschnitt 3.7.2). Diese Kriterien lassen sich aber in der Praxis oft nur mit größerem Aufwand und zum Teil sehr detaillierter Kenntnis der Datenbestände klären.

Wir selbst gehen in solchen Fällen dann nach der Faustregel vor: im Zweifel (!) für die Ausgabe. Nach unserer Erfahrung ist der dadurch entstehende Fehler für das Gesamtergebnis unbedeutend. Das heißt, dass wir nur solche Elementarprozesse mit dem Hauptzweck der Datenausgabe als Abfragen werten, bei denen die Kriterien des CPM unmittelbar erkennbar erfüllt sind. Dies gilt beispielsweise für die in Abschnitt 5.2.1 behandelten Listboxen.

Im Falle von Druckausgaben gehen wir dagegen davon aus, dass in der Regel Daten abgeleitet oder berechnet werden, und werten diese deshalb im Zweifelsfalle als Ausgaben. Im Gegensatz zu unserem doch recht einfachen Beispiel des

Adressbuches ist diese Annahme bei den meisten größeren Fachanwendungen gerechtfertigt. Eindeutig ist der Fall z. B. auch bei der Ausgabe von Statistiken und Auswertungen, die ja per se berechnete Daten enthalten.

5.1.2 Komplexitätsbewertung

Die in Abschnitt 3.8 beschriebene Bestimmung der Komplexität der einzelnen Funktionen und Datenbestände erfordert nach unserer Erfahrung typischerweise etwa die Hälfte des Gesamtaufwands, der für eine Analyse benötigt wird.

Im Falle von FP-Prognosen müssen Sie außerdem davon ausgehen, dass die Detaillierung der vorliegenden fachlichen Anforderungen eine präzise Bestimmung der Anzahl von Datenelementen, verwendeten Datenbeständen und Feldgruppen noch gar nicht erlaubt.

Unseres Wissens arbeiten die meisten aktiven FP-Experten und Unternehmen deswegen fast überwiegend mit den folgenden Näherungen:

- Elementarprozesse werden grundsätzlich mit der Komplexität »mittel« (*average*) bewertet, d. h., eine Eingabe oder Abfrage zählt 4 FPs, eine Ausgabe 5 FPs.
- Datenbestände werden grundsätzlich mit der Komplexität »niedrig« (*low*) bewertet, d. h., ein interner Datenbestand zählt 7 FPs, ein Referenzdatenbestand zählt 5 FPs.
- Wichtig dabei ist, dass diese Näherung konsequent für die gesamte Analyse angewendet wird: Es sollten also nicht in einzelnen Fällen abweichend dann doch einzelne Funktionen oder Datenbestände »ausgezählt« werden.

Nach unserer Erfahrung kann der mit dieser Näherung entstehende Fehler des Gesamtergebnisses mit maximal 5 % abgeschätzt werden. Allerdings: In Zweifelsfällen sollte die Anwendbarkeit dieser Näherung für ein konkretes Projekt oder eine konkrete Anwendung hinterfragt werden, was wir selbst auch tun. Ein erfahrener FP-Experte wird bei der Durchführung einer Analyse intuitiv feststellen, ob diese Näherung berechtigt ist oder nicht.

5.1.3 Unternehmensweiten VAF bestimmen

Aus den im Abschnitt 3.9 beschriebenen Gründen ist die Verwendung des Wertfaktors, VAF, heute in den meisten Fällen weder notwendig noch sinnvoll. Wenn, aus welchen Gründen auch immer, dennoch der Wertfaktor bestimmt werden muss, bietet sich das folgende Näherungsverfahren an: Alle Anwendungen bzw. Projekte werden dabei in eine begrenzte Anzahl von Kategorien einsortiert, die jeweils mit dem gleichen Wertfaktor bewertet werden. Ein Beispiel dafür gibt Tabelle 5–1.

Systemmerkmal		Offline (Batchverarbeitung, Listenerstellung usw.)	Backoffice (MIS, Sachbearbeitersysteme)	Frontoffice (Schalteranwendungen)	Customer (Anwendungen für den Kunden)	Internet/ Onlinebanking
1	Datenkommunikation	0	4	4	4	5
2	Verteilte Verarbeitung	0	4	4	4	4
3	Leistungsanforderungen	2	1	3	4	5
4	Ressourcennutzung	0	1	2	4	5
5	Transaktionsrate	0	0	3	4	5
6	Online-Benutzerschnittstelle	0	3	5	5	5
7	Anwenderfreundlichkeit	0	3	4	5	5
8	Onlineverarbeitung	0	2	4	5	5
9	Komplexe Verarbeitung	3	2	3	3	5
10	Wiederverwendbarkeit	2	2	2	2	2
11	Migrations- und Installationshilfen	0	0	0	0	0
12	Betriebshilfen	5	3	5	5	5
13	Mehrfachinstallationen	2	2	2	2	5
14	Änderungsfreundlichkeit	1	2	2	2	2
Wertfaktor		**0,8**	**0,94**	**1,08**	**1,14**	**1,23**

Tab. 5-1 Beispiele für Wertfaktoren in typischen Anwendungskategorien

In diesem Beispiel wurden fünf Kategorien gebildet und für jede beispielhaft der Wertfaktor bestimmt. Alle Anwendungen, die keine Onlinefunktionalität enthalten, würden also mit einem VAF von 0,8 bewertet werden; alle Anwendungen für den Einsatz im Backoffice mit dem VAF 0,94 usw. Eine solche »Gruppenbewertung« sollte stets bemüht sein, die typischen unternehmensspezifischen Anwendungen umfassend zu bewerten. Eine regelmäßige Überprüfung der unternehmensweiten VAF-Werte ist dabei notwendig, um den unternehmensinternen Veränderungen in der Anwendungsentwicklung im Zeitverlauf gerecht zu werden.

Der Vorteil einer unternehmensweiten VAF-Tabelle liegt zum einen in der einheitlichen Bewertung aller Projekte und Anwendungen und zum anderen in einer erheblichen Zeitersparnis bei der Einstufung im Einzelfall. Der durch diese Näherung verursachte Fehler in der Berechnung des justierten FP-Werts liegt, bei sorgfältiger Definition und Justierung der Kategorien, nach unserer Erfahrung in der Regel bei höchstens 2 % bis 3 %. Diese Näherung ist dabei umso sinnvoller, wenn es vor allem um eine unternehmensweite einheitliche Einstufung der Projekte und Anwendungen geht.

5.1.4 Vereinfachung der FP-Berechnungsformeln

Mit den oben beschriebenen Näherungen für die Komplexitätsbestimmung und bei Verwendung nur des unjustierten FP-Werts ergeben sich auch für die in Abschnitt 3.11.4 beschriebenen Berechnungsformeln für Erweiterungsprojekte erhebliche Vereinfachungen. Die Berechnung des FP-Werts für ein Erweiterungsprojekt verkürzt sich zu:

$$EFP = ADD + CHG + DEL$$

EFP	*Enhancement project function point count* – FP-Wert des Erweiterungsprojekts
ADD	Hinzugefügte uFPs
CHG	Geänderte uFPs
DEL	Gelöschte uFPs

Die Berechnung des FP-Werts für die aktualisierte Anwendung nach Durchführung eines Erweiterungsprojekts sieht dann wie folgt aus:

$$AFP = uFPB + ADD + CHG - DEL$$

AFP	*Application function point count* – FP-Wert der Anwendung nach Durchführung des Erweiterungsprojekts
uFPB	Summe uFPs der Anwendung vor dem Projekt (alte Basis)
ADD	Hinzugefügte uFPs
CHG	Geänderte uFPs
DEL	Gelöschte uFPs

5.1.5 FP-Prognosen für Projektanforderungen

Die Zuverlässigkeit von Prognosen kennt jeder aus politischen Wahlkämpfen: Je früher die Prognose erstellt wird, desto unsicherer ist sie, und umgekehrt, je näher am Wahltermin, desto sicherer. Mit FP-Prognosen für Projekte verhält es sich nicht anders: Ihre Zuverlässigkeit wächst mit fortschreitender Zeit.

Eine Prognose ist die Vorhersage über das Verhalten einer Zufallsvariablen. Ob sie eintritt oder nicht, folgt den statistischen Gesetzmäßigkeiten. Das sollte man sich auch immer wieder für die FPA klar machen: Wird diese verwendet, um für ein Projekt eine Prognose über den zu erwartenden Aufwand zu erstellen, so hat eben diese Prognose nur eine begrenzte Eintrittswahrscheinlichkeit. Das hat aber nichts mit der FPA an sich zu tun, sondern mit der Tatsache, dass eine Vorhersage über ein zukünftiges Ereignis, nämlich den Ist-Aufwand eines Projekts, gemacht wird.

Dennoch versuchen wir natürlich mit der FPA zu einem möglichst frühen Projektzeitpunkt zu einer möglichst zutreffenden Prognose zu kommen. Dazu sollten Sie die folgenden Überlegungen berücksichtigen:

Die Unsicherheit der Prognose entsteht vor allem durch fehlende Informationen und durch fehlenden Detaillierungsgrad von Anforderungen. Diese Lücken werden durch eine Function-Point-Analyse nicht geschlossen, aber sie werden deutlich[24]. Ein FP-Experte sollte natürlich zunächst versuchen, diese Lücken zu schließen bzw. durch die Anwender oder durch das Projektteam überbrücken zu lassen. Aber auch das wird nicht immer vollständig gelingen. Letztlich muss der FP-Experte diese Lücken also durch eine Abschätzung oder Prognose schließen. Dazu wird er bestimmte Annahmen treffen müssen.

Nehmen Sie z. B. die einfache Anforderung: Ein System soll der Pflege von Personendaten dienen. Die erfassten Privat- und Geschäftsadressen sollen einer Anwendung »Straßenkarte« übermittelt werden können. Die Website von Privat- und Geschäftsadresse soll direkt aufgerufen werden können. Die erfassten Daten sollen in Form einer Liste und als Einzelsätze ausgedruckt werden können.

Als »erfahrene FP-Experten«, die ja schon das Outlook-Adressbuch analysiert haben, prognostizieren wir sofort und unter Verwendung der oben beschriebenen Näherungsregeln für die Unterscheidung von Ausgaben und Abfragen und für die Komplexität:

- Einen internen Datenbestand mit 7 FPs für »Personen«.
- Die Funktionen Erfassen, Ändern, Löschen mit jeweils 4 FPs.
- Die Funktionen Liste der Personen und Anzeige Details mit jeweils 4 FPs.
- Eine Suchabfrage mit 4 FPs.
- Die Schnittstelle zu »Straßenkarte« für die Privat- und Geschäftsadresse jeweils als Ausgabe mit 5 FPs.
- Die Schnittstelle für die Anzeige der Website für die Privat- und Geschäftsadresse jeweils als Ausgabe mit 5 FPs.
- Mindestens zwei Druckausgaben (als Ausgabe), Liste der Personen und Detaildaten, mit jeweils 5 FPs.

Damit kommen wir also schon auf insgesamt 61 FPs. An der entsprechenden Stelle in unserem obigen Beispiel in Kapitel 4 waren wir für die im Wesentlichen gleichen Funktionen nach einer sorgfältigen Analyse bei 63 FPs angekommen. Die Differenz entspricht ca. 3 %. Unter Berücksichtigung der Tatsache, dass das von uns verwendete »Requirements-Dokument« noch nicht einmal 50 Wörter um-fasst, ein wohl gar nicht so schlechtes Ergebnis. Diese Abweichung von 3 % ist kein Zufall. Interne Untersuchungen und Vergleiche haben gezeigt, dass auch

---

24. Gerade in dieser »Reviewfunktion« liegt für viele Anwender der FPA ein nicht unerheblicher Nebennutzen.

bei kleinen, mittleren und großen Bewertungen die Abweichung in diesem Rahmen liegt.

Worauf Sie bei solchen Prognosen aber achten sollten: Dokumentieren Sie die gemachten Annahmen deutlich, denn sonst sind die Ergebnisse im Nachhinein nicht mehr nachvollziehbar.

5.1.6 Hochrechnungen

In manchen Fällen wird der für eine Analyse zur Verfügung stehende Aufwand oder die verfügbare Zeit so knapp sein, dass selbst die oben beschriebenen Näherungsverfahren nicht angewendet werden können. Es bietet sich daher an, und Sie werden im Internet und in der Literatur dafür auch Beispiele finden, auf der Basis begrenzter Informationen über eine Anwendung oder ein Projekt »Hochrechnungen« vorzunehmen. Dazu gibt es grundsätzlich zwei Ansätze:

- Die Datenbestände oder zumindest die internen Datenbestände sind bekannt, aber nicht die Elementarprozesse.
- Die Elementarprozesse (Funktionen) sind bekannt, aber nicht die Datenbestände.

Hierzu aus unserer Praxis die folgenden Anmerkungen:

Eine Hochrechnung auf den gesamten FP-Wert eines Systems auf der Basis der Datenbestände funktioniert in der Regel nicht, denn verschiedene Anwendungen unterscheiden sich ja gerade durch ihre Funktionsvielfalt relativ zu den Datenbeständen. Man kann sich leicht vorstellen, dass eine komfortablere Kontaktverwaltung als das Outlook-Adressbuch mehr Elementarprozesse, aber nicht notwendigerweise mehr Datenbestände besitzt. Wir gehen in der Praxis von einem Verhältnis von FPs zu internen Datenbeständen zwischen etwa 50 FPs/ILF und 200 FPs/ILF aus.

Sind umgekehrt die Elementarprozesse bekannt, so können Sie davon ausgehen, dass der Anteil des FP-Werts für Datenbestände etwa 5 % bis 15 % des gesamten FP-Werts der Anwendung oder des Projekts ausmacht. Sie würden also keinen großen Fehler machen, wenn Sie auf den FP-Wert der Elementarprozesse einen Zuschlag von etwa 10 % für die Datenbestände vornehmen. Andererseits ist die Aufwandsersparnis für die Nichterfassung der Datenbestände nach unserer Erfahrung vernachlässigbar. Die Identifikation der Datenbestände geschieht bei der Ermittlung der Elementarprozesse quasi nebenbei ohne besonderen Zusatzaufwand, so dass wir selbst noch nie in die Notwendigkeit einer solchen Hochrechnung gekommen sind.

Unser Fazit ist deshalb: Hochrechnungen können erste Abschätzungen liefern, sind jedoch in der Regel entweder für den benötigten Zweck zu ungenau oder nicht mit einer signifikanten Aufwandsersparnis verbunden.

5.1.7 Backfiring

Backfiring, die Hochrechnung eines FP-Werts auf der Basis des Quellcodeumfangs, gilt als die schnellste und kostengünstigste Näherung zur Ermittlung eines FP-Werts. Wir selbst benutzen Backfiring in unserer Praxis z. B. dazu, den Aufwand für eine geplante Basiszählung schnell und frühzeitig abzuschätzen.

Natürlich gibt es eine Beziehung zwischen dem FP-Wert einer Anwendung und dem Umfang des zugehörigen Quellcodes. Diese Beziehung wird von mehreren Faktoren abhängen, u. a. von

- der verwendeten Programmiersprache,
- der Angemessenheit der Sprache für die Problemstellung[25],
- der Entwicklungsumgebung,
- der Verfügbarkeit von Bibliotheken, Components u.Ä. und
- dem Programmierstil der Entwickler.

Die »Rückrechnung« vom Quellcodeumfang (auch als *lines of code* – LoC bezeichnet[26]) in Function Points bezeichnet man als Backfiring. Mit Backfiring sind zwei wesentliche Probleme verbunden:

Die verschiedenen Faktoren, die den Quellcodeumfang bestimmen, sind in den seltensten Fällen bekannt. In der Regel behilft man sich mit Tabellen, die sich lediglich an der Programmiersprache orientieren. Die darin enthaltenen Umrechnungsfaktoren bezeichnet man auch als *gearing factor* bzw. Gearingfaktor oder kurz GF (siehe dazu auch Abschnitt 7.4.3). Nach unserer Erfahrung gibt die Programmiersprache aber nur sehr begrenzte Hinweise auf den zu verwendenden Umrechnungsfaktor. So stellen wir z. B. für Java-Anwendungen Umrechnungsfaktoren zwischen 15 LoC/FP und 100 LoC/FP fest.

Das zweite, vielleicht noch wichtigere Problem des Backfiring ergibt sich aus einer methodischen Überlegung: Mit dem Quellcodeumfang wird das Produkt Software gemessen, mit FPs dagegen die Leistung der Software für den Anwender. Dies wäre vergleichbar etwa dem Gewicht oder der Anzahl Kolben eines Motors auf der einen und seiner Leistung in kW auf der anderen Seite. Ein schwererer Motor wird in der Regel eine höhere Leistung haben als ein leichterer, im Einzelfall kann es jedoch auch ganz anders sein.

---

25. Zum Beispiel ist eine dialogorientierte Sprache wenig geeignet für die Lösung algorithmischer Probleme.
26. Statt LoC werden in der Literatur auch andere Begriffe und Definitionen verwendet, z. B. SLOC für *source lines of code*. Damit werden unterschiedliche Details bei der Ermittlung des Codeumfangs beschrieben, wie die Berücksichtigung oder Nichtberücksichtigung von Kommentarzeilen, die Zählung ausführbarer Anweisungen statt Programmzeilen usw. Am verbreitetsten sind die u. a. durch COCOMO populär gewordenen Definitionen zur Quellcodemessung des Software Engineering Institute (SEI) [Park 1996]. In der Praxis reicht es häufig aus, z. B. die Anzahl ausführbarer Anweisungen aus der Ergebnisübersicht der Compilerläufe zu verwenden.

Fazit: Man kann Quellcode mit Hilfe von Umrechnungstabellen in einen Wert umrechnen, der häufig auch als FP-Wert bezeichnet wird, tatsächlich jedoch eine ganz andere Größe als FPs nach dem ISO-Standard darstellt. Als Ersatz für einen nach den Regeln des Standards ermittelten FP-Wert z. B. für Bewertungs- oder Benchmarking-Zwecke kann ein durch Backfiring ermittelter Wert nicht dienen.

5.2 Standardsituationen

Es gibt eine Reihe von Standardsituationen, die bei fast jeder Analyse vorkommen und die mit etwas Erfahrung sehr schnell und effizient zu bewerten sind. Sind sie einmal nach allen Regeln der Kunst durchexerziert, ist die Identifizierung gleicher Situationen leicht. Hat man einige Erfahrung mit dem Zählen von Function Points gesammelt, verläuft ein Großteil der Analyse unproblematisch und reibungslos. Doch das schützt nicht davor, dass man immer wieder auf Funktionen und Prozesse stößt, die mit Besonderheiten aufwarten und genau analysiert werden müssen.

Generell sollten Sie, wenn Sie eine Eingabe gezählt haben, immer gleich fragen, ob es auch ein Ändern, ein Löschen und ein Anzeigen gibt. Meist sind diese vier Standardfunktionen vorhanden, oft gehören auch noch eine Detailanzeige und das Drucken dazu. Mit dieser sehr einfachen Fragestellung können Sie, gerade bei benutzerorientierten Anwendungen, einen Großteil der Funktionalitäten schnell erfassen. Bei batchorientierten Anwendungen, die wenig Oberfläche für den Benutzer bieten, sollte man sich auf die Systemschnittstellen und Datenbestände konzentrieren.

5.2.1 Listboxen oder Auswahllisten

Wie schon im Beispiel Outlook-Adressbuch dargestellt, kann eine Listbox oder Auswahlliste die Kriterien für einen Elementarprozess erfüllen und wäre dann entsprechend als Ausgabe bzw. in aller Regel als Abfrage zu werten. Man darf sich bei der Bewertung von Listboxen allerdings nicht von der »technischen« Erscheinung leiten lassen, sondern muss auch hier immer wieder darauf achten, dass für eine bestimmte Einordnung z. B. als Abfrage auch alle im CPM geforderten Bedingungen zutreffen.

Hilfreich ist dabei in der Praxis zunächst die Frage nach dem Hintergrund der in der Listbox dargestellten Daten. Hier kann man grundsätzlich unterscheiden nach:

- Wertelisten für Variablen mit einem diskreten Wertebereich, wie z. B. Anrede = {Herr | Frau | Firma}, und
- Daten, die aus internen Datenbeständen oder Referenzdatenbeständen stammen, wie z. B. die Bankleitzahl.

Im ersten Fall ist eine Wertung der Listbox als Elementarprozess ausgeschlossen, denn es werden keine Daten (im Sinne von Daten eines internen Datenbestands oder von Referenzdaten) ausgegeben.

Im zweiten Fall ist eine Wertung der Listbox als Elementarprozess möglich, wenn die weiteren Bedingungen des CPM, z. B. das Atomaritätsprinzip, dafür erfüllt sind. Davon gehen wir in der Praxis im Regelfalle aus. In den meisten Fällen dürfte dann auch eine Wertung als Abfrage zutreffend sein.

5.2.2 Systemschnittstellen

Kein Anwendungssystem steht heute in der Unternehmens-IT-Landschaft isoliert da. Banken- und Versicherungssysteme, aber auch Anwendungen in anderen Branchen sind hochgradig miteinander vernetzt. Diese Vernetzung drückt sich im Austausch von Daten aus, die technischen Implementierungen dieses Datenaustausches bezeichnen wir als Systemschnittstellen.

Während sich dem FP-Experten die Sachbearbeiter- oder selbst die Administratordialoge oder die Druckausgaben einer Anwendung meistens unmittelbar erschließen, sind wir bei der Analyse der Systemschnittstellen häufig auf eher technische denn fachliche Dokumentation angewiesen. Und oftmals sind auch unsere Interviewpartner in diesem Bereich eher Softwarespezialisten denn Fachexperten für das jeweilige Anwendungsgebiet. Damit ergeben sich bei der Analyse von Systemschnittstellen für den FP-Experten besondere Schwierigkeiten und Herausforderungen in der Beschaffung der für die Analyse notwendigen Informationen und der Gewinnung des notwendigen fachlichen Verständnisses.

Da Systemschnittstellen dem Austausch von Daten zwischen Systemen dienen, lassen sich auch die Regeln der FPA auf sie anwenden. Wie Dialogfunktionen sind also Schnittstellen zunächst einmal in Elementarprozesse zu zerlegen. Dabei sind die Regeln des CPM konsequent anzuwenden. Der »Anwender« ist in diesem Falle nicht ein Mensch, sondern das andere System.

Im nächsten Schritt ist dann die Frage nach dem Hauptzweck zu beantworten, also Ausgabe oder Eingabe von Daten aus dem bzw. in das zu analysierende System. Die Unterscheidung zwischen Abfrage und Ausgabe ist dabei in der Praxis nicht relevant, in der Regel können wir davon ausgehen, dass sich unter den an ein anderes System übermittelten Informationen abgeleitete oder berechnete Daten befinden oder dass sich das Systemverhalten durch den Elementarprozess ändert (und sei es auch nur, um zu verhindern, dass die gleichen Daten mehrfach übermittelt werden). Eine Systemschnittstelle, die »Straßenkarte«, haben wir bereits in dem Beispiel Outlook-Adressbuch in Kapitel 4 kennen gelernt.

Die häufigsten Fehler bei der Bewertung von Systemschnittstellen sind:

- Der FP-Experte lässt sich mit einem einfachen technischen Begriff »abspeisen«, anstatt den fachlichen Hintergrund zu verstehen. Beispiel: »Wir haben eine Schnittstelle zu SAP«; besser wäre: »Wir übermitteln an SAP sowohl Projektstammdaten als auch Aufwandsbuchungen.«
- Die Bewertung orientiert sich an den statischen Schnittstellendefinitionen (»Layout« der Schnittstelle als Datenstruktur), dabei werden die dynamischen Aspekte – wie wird die Datenstruktur gefüllt? – übersehen. Beispiel: Buchungssätze, die mit immer der gleichen Datenstruktur geliefert werden, tatsächlich aber eine Reihe verschiedener fachlicher Inhalte (Einzahlung, Auszahlung, Zinsgutschrift usw.) haben können.

Fazit: Die Bewertung von Systemschnittstellen stellt besondere Anforderungen an den FP-Experten, ein unerfahrener FP-Experte sollte hier im Zweifelsfall die Unterstützung eines erfahrenen Kollegen suchen. Wenn in diesem Bereich der FP-Analyse Fehler geschehen, führen sie in aller Regel zu einer Unterbewertung.

5.2.3 Referenzdaten oder Eingabe?

Greift eine Anwendung auf die Daten eines anderen Systems zu, so wäre grundsätzlich eine Bewertung als Referenzdatenbestand vorzunehmen. Schwierig wird die Einordnung, wenn tatsächlich ein Datentransfer in das zu zählende System erfolgt.

Für eine korrekte Bewertung ist zu fragen, ob sich zu diesem Datentransfer ein Elementarprozess identifizieren lässt. Wir können also zwei Fälle unterscheiden:

- Es wird ein Datenbestand in einer anderen Anwendung gepflegt und in der zu analysierenden Anwendung verwendet, ohne diese Daten zu ändern. Wir werten einen Referenzdatenbestand für die zu zählende Anwendung.
- Daten aus einem internen Datenbestand einer anderen Anwendung werden über einen oder mehrere Elementarprozesse in die zu zählende Anwendung importiert und später dort verwendet. Diese importierenden Elementarprozesse müssen natürlich einen fachlichen Charakter haben. Wir werten eine oder mehrere Eingaben so wie einen internen Datenbestand für die zu zählende Anwendung.

Bei der möglichen Identifizierung eines solchen Elementarprozesses ist besonders auf die Forderung der Anwendersicht zu achten. Dies schließt die Wertung z. B. einer Spiegelung eines Datenbestands aus technischen Gründen als Elementarprozess aus. Ein typisches Beispiel ist die Adressdatenbank der Deutsche Post AG oder anderer Anbieter, die in einer Kontaktdatenbank als Referenzdatenbestand verwendet wird. Diese wird auch dann als Referenzdatenbestand bewertet, wenn die Daten von einer CD-ROM auf die Festplatte des PCs kopiert werden, auf dem die zu zählende Anwendung ausgeführt wird.

> Datenbestände, die nur aus technischen Gründen gespiegelt in der zu bewertenden Anwendung vorliegen, werden als Referenzdatenbestände behandelt. Ein Datenbestand kann nur dann als ein interner Datenbestand bewertet werden, wenn er innerhalb der Anwendung auch gepflegt wird, es also mindestens einen zugehörigen Elementarprozess vom Typ Eingabe gibt.

5.2.4 Hilfe- und Fehlermeldungen

Bei Hilfe- und Fehlermeldungen, die ebenfalls bewertet werden, muss immer unterschieden werden, ob sie in einem bestimmten Elementarprozess stattfinden oder sich über die gesamte Anwendung erstrecken.

Hilfemeldungen oder Systemantworten, die Teil eines Elementarprozesses sind, werden als ein zusätzliches DET für diesen Elementarprozess gezählt. Wird beim Löschen eines Datensatzes die Meldung angezeigt »Wollen Sie den Datensatz wirklich löschen«, so ist dies und die Bestätigung dieser Meldung als jeweils ein DET zusätzlich zu werten.

Wird bei der Eingabe in ein Feld durch das Berühren mit dem Mauszeiger eine Hilfe eingeblendet, die beispielsweise angibt, was wie eingetragen werden darf oder nicht, wird dafür für die gesamte Anwendung und für alle betroffenen Felder eine Abfrage gezählt. Zu klären ist darüber hinaus, ob die Texte dieser Feldhilfe innerhalb der zu bewertenden Anwendung gepflegt werden können. Ist dies der Fall, wird für die Feldhilfe auch ein interner Datenbestand gezählt mit den möglichen Funktionen wie Feldhilfe eingeben, ändern, löschen etc. Werden die Feldhilfen aber außerhalb der Anwendung gepflegt, ist ein Referenzdatenbestand zu werten. Sind Hilfetexte innerhalb der Anwendung kodiert (*code data*), so wird kein Datenbestand gezählt.

Die Maskenhilfe unterscheidet sich von der Feldhilfe in der Verarbeitungslogik. Die Feldhilfe bezieht sich auf das einzelne Feld, die Maskenhilfe auf die jeweilige Maske, was für das Verfahren eine andere fachliche Information darstellt. Sie wird ebenfalls nur einmal für die gesamte Anwendung als Abfrage gewertet.

Unter Systemhilfe ist eine Art Onlinehandbuch zu verstehen. Es bezieht sich nicht auf eine einzelne Maske oder ein einzelnes Feld bzw. auf eine einzelne Funktion. Sie wird zusätzlich zu Feld- und Maskenhilfe, falls vorhanden, ebenfalls als Abfrage gewertet.

5.3 Data-Warehouse-Systeme (DWH)

Data-Warehouse-Systeme (DWH) sind in erster Linie als Datenlager gedacht. Ihre Inhalte stammen aus unterschiedlichen Quellen, und ein DWH bietet eine einheitliche Sicht auf die verschiedenen Datenbestände. Die Daten werden für

5.3 Data-Warehouse-Systeme (DWH)

Auswertungen u. a. im Bereich Controlling und Rechnungswesen bereitgehalten. Der Begriff DWH umfasst allerdings ein weites Spektrum von Anwendungen und Projekten sowie Methoden und Technologien, so dass die hier gemachten Anmerkungen nur beispielhaft zu verstehen sind.

Die Bewertung eines DWH mit der FPA stellt für den FP-Experten in gewisser Hinsicht eine kleine Herausforderung dar. Die Besonderheit liegt nicht in erster Linie darin, alle Ausgaben oder Abfragen zu identifizieren; diese sind mit den Regeln der FPA eindeutig bestimmbar. Es ist jedoch darauf zu achten, dass immer nur die maximale Ausprägung bewertet wird. Eine mögliche Statistik kann beispielsweise eine bestimmte Auswertung über das gesamte Unternehmen über einen größtmöglichen Zeitraum (maximal seit Datenerhebung) ausgeben. Gibt es nun aber darüber hinaus auch noch die Möglichkeit, dieselbe Statistik einzuschränken – nur Teile des Unternehmens, nur über einen bestimmten Zeitraum –, dann wird nur die erste Statistik bewertet. Sie stellt die größtmögliche Ausprägung dar, die »eingeschränkte« Statistik dagegen ist nur eine Teilmenge. Bei der FPA geht es ja nicht darum, sämtliche Variationen zu bewerten, sondern die Funktionen an sich. Das Einmaligkeitskriterium ist hier also zu beachten, insbesondere bei der speziell im DWH möglichen *Tear-up-* und *Drill-down-*Funktionalität.

Die Herausforderung liegt also nicht so sehr in den Funktionen, sondern vielmehr in den Datenbeständen. Ein DWH lebt von Massendaten, die es zu bearbeiten und zur Verfügung zu stellen hat. In einem DWH werden die Daten aus den angeschlossenen Systemen im so genannten Core abgelegt und multidimensional miteinander verknüpft. Die Verknüpfung stellt die höchstmögliche technische Verknüpfung, aber nicht den direkten fachlichen Nutzen dar. Der Core ist daher bei der Analyse nicht zu betrachten.

Aus dem Core werden durch Stern-Abfragen Cubes gebildet, die einen definierten Ausschnitt sowohl aus den Daten als auch aus ihren Verknüpfungen darstellen. Aus FPA-Sicht können solche Cubes als ILF im DWH identifiziert werden, wenn sie den Anforderungen des CPM insofern entsprechen, als sie für den Anwender eine identifizierbare, abgeschlossene Menge von Daten bilden. In der Regel sind das die Cubes, aus denen Reports gezogen werden.

Da die Daten im DWH von einer Reihe anderer Systeme geliefert werden, muss hier ermittelt werden, wie sie für das DWH vorliegen. Verwendet das DWH direkt Daten aus anderen Systemen und benutzt sie in unveränderter Form, sind diese Daten als Referenzdatenbestände zu bewerten. Dabei spielt es auch keine Rolle, ob die Daten aus technischen Gründen physisch in das DWH gespiegelt worden sind (siehe hierzu auch Abschnitt 5.2.3).

Verarbeitet dagegen das DWH abgeleitete oder aggregierte Daten aus anderen Systemen, die in dieser Form dort nicht vorliegen und gepflegt werden, sondern erst beim Laden in das DWH erzeugt werden, so wird für die jeweilige Schnittstelle je Datenbestand im Sinne des CPM eine Eingabe gezählt.

5.4 Intranet-/Internetanwendungen

Intranet- und Internetanwendungen, hier kurz Web-Anwendungen genannt, sind häufig Gegenstand einer Analyse. Während in der Anfangszeit des Internets Informationen statisch angezeigt wurden, ist mit fortschreitender Entwicklung moderner Werkzeuge gerade auf diesem Gebiet wortwörtlich sehr viel in Bewegung gekommen. War HTML im Grunde eine Präsentationssprache, können heute auch im Internet komplexe Funktionen verwirklicht werden. Das Internet und damit verbundene Technologien sind zu einem »Transportmittel« geworden, das fachliche Funktionalität über das Internet zu einem Anwender bringt. Web-Anwendungen weisen im Vergleich zu klassischen Dialoganwendungen für eine Analyse drei Besonderheiten auf:

- Vermischung von »Präsentation« und Navigation mit fachlicher Funktionalität.
- Multiple Möglichkeiten, die gleiche fachliche Funktion in verschiedenen Kontexten zu verwenden.
- »Nahtlose« Übergänge zwischen verschiedenen Anwendungen, die für den Anwender kaum noch erkennbar sind.

Wichtig ist zunächst die konsequente und saubere Unterscheidung zwischen der Präsentation statischer Informationen und den Funktionen als Elementarprozesse im Sinne der FPA. Da Web-Anwendungen sich durch eine starke Benutzerorientierung auszeichnen, muss zudem genau darauf geachtet werden, was als Elementarprozess identifiziert werden kann und was als Navigation zu werten ist. Ein dritter Punkt ist die Eigenheit, dass über Links oder Aufrufe schnell in eine andere Anwendung gewechselt werden kann, teilweise schon so, dass der Benutzer den Wechsel gar nicht mehr erkennen kann. Daher ist im Vorfeld klar herauszuarbeiten und zu definieren, was fachlich zur Anwendung gehört und was Funktionalitäten anderer Anwendungen sind (Abgrenzung der Anwendung).

Ein Augenmerk muss zudem darauf gelegt werden, dass ein bestimmter Inhalt oder eine bestimmte Funktionalität an unterschiedlichen Stellen, in unterschiedlicher Granularität und eventuell in unterschiedlichen Zusammenhängen auftauchen kann. Eine solche Funktion darf nur einmal in ihrer Maximalausprägung bewertet werden. Betrachten wir dazu ein typisches Beispiel: In einem Onlineshop kann ein Produkt vom Kunden oft von verschiedenen Stellen aus in den Warenkorb gelegt werden. Trotzdem wird dieser Vorgang nur einmal gezählt, entsprechend den Einmaligkeitsregeln für Elementarprozesse.

Im Folgenden sind ein paar Besonderheiten und Tipps bei der Bewertung von Web-Anwendungen aufgeführt:

- Links, die nur eine andere Webseite öffnen, bleiben unberücksichtigt, da sie keinen Elementarprozess darstellen, sondern unter den Begriff Navigation fallen, die grundsätzlich unbewertet bleibt.

- Links, die eine Webseite einer anderen Anwendung öffnen und fachliche Daten übertragen, werden als Ausgabe gezählt. Sie sind eine fachliche Schnittstelle nach außen. Was mit den Daten in der anderen Anwendung geschieht, wird dort bewertet.
- Downloads sind aus Anwendersicht eine oder mehrere Ausgaben, denn mit einem Download verlassen Daten das analysierte System.
- Die Möglichkeit, zwischen verschiedenen Sprachdarstellungen zu wählen, gilt als Eingabe, weil es sich um Steuerungsinformation handelt. Unabhängig von der Anzahl der Sprachen wird dies einmal für die gesamte Anwendung bewertet.
- Ein Warenkorb ist als interner Datenbestand zu bewerten, wenn er innerhalb der Anwendung gepflegt wird. Darüber hinaus kommen weitere Funktionalitäten hinzu wie füllen, ändern, löschen usw.

5.5 Standardsoftware

Der Vormarsch von Standardsoftware ist unaufhaltsam. Damit muss sich auch die FPA der Frage stellen, ob diese sinnvoll mit ihrem Bewertungsmaßstab gemessen werden kann.

Auch Standardsoftware unterstützt verschiedene Geschäftsprozesse, lässt sich in Elementarprozesse zerlegen und nach allen Regeln der IFPUG-Kunst bewerten. Das Problem bei der Analyse ist meist, dass ein Unternehmen Standardsoftware einkauft, von ihr aber beispielsweise nur die Hälfte wirklich benötigt, ein weiteres Viertel umarbeitet und noch einige Funktionen vollkommen neu hinzufügen muss. Natürlich bewertet der Hersteller der Standardsoftware den kompletten Funktionsumfang.

Die Schwierigkeit besteht nicht darin, die Regeln des CPM anzuwenden, sondern darin, dasjenige zu identifizieren, was überhaupt bewertet werden soll. Befolgt man konsequent die Anforderungen im CPM, dann ist eben nur das zu bewerten, was die Anwendung aus fachlicher Sicht dem Anwender zur Verfügung stellt. Und da kommt es eben durchaus vor, dass nur Teile der Standardsoftware für die Bewertung in Frage kommen, weil andere Teile zwar ebenfalls geliefert und theoretisch auch nutzbar wären, diese aber im Unternehmen aus fachlichen Gründen nicht gebraucht werden.

Bewertet werden also alle Funktionen, die dem Anwender zur Verfügung stehen und mit denen er die fachlichen Anforderungen abarbeiten kann. Das heißt konkret, werden Funktionen der Standardsoftware 1:1 übernommen und benötigt, werden sie genauso bewertet wie jene Funktionen, die neu hinzugekommen sind. Die geänderten Funktionen werden im Gegensatz zu den nicht benötigten ebenfalls bewertet. Die nicht benötigten Funktionen, auch wenn sie ggf. einen großen Teil ausmachen, bleiben konsequenterweise unberücksichtigt, da sie dem

Anwender zwar zur Verfügung stehen, aber eben nicht benötigt oder genutzt werden, denn diese Funktionen haben keine tatsächlichen fachlichen Aufgaben.

Es kann vorkommen, dass eine große und teure Standardsoftware gekauft wird, es sich aber herausstellt, dass nur ein kleiner Teil wirklich benutzt wird. Bewertet werden also:

- übernommene und genutzte Funktionalität der Standardsoftware,
- neu hinzugefügte Funktionalitäten und
- geänderte Funktionalitäten der Standardsoftware.

Eine Bewertung des Funktionalitätsumfangs hat aber nur dann Sinn, wenn bei der Bewertung immer gekennzeichnet wird, welche Funktionalität in welche der drei oben genannten Gruppen gehört. Ansonsten ist eine anschließende Auswertung der Kennzahlen nicht möglich. Würfe man nämlich alle drei Function-Point-Werte in einen Topf, hätte man zwar die Größe des fachlichen Umfangs, könnte aber keine weiteren detaillierten Aussagen zu Aufwand oder Kosten machen.

Mit dieser Dreiteilung können bei Vorliegen weiterer Daten, wie z. B. Lizenzkosten oder Anpassungsaufwand, u. a. folgende Aussagen gemacht werden:

- Übernommene und genutzte FPs im Verhältnis zu Einkaufskosten. Was hat ein FP dem Unternehmen im Einkauf gekostet? Dieser Wert kann später dem Wert der Kosten der Eigenentwicklung entgegengesetzt werden.
- Neu hinzugefügte FPs im Verhältnis zu Aufwand oder Dauer. Dieser Wert kann später zu dem Wert für geänderte Funktionalität in Bezug gesetzt werden.
- Geänderte Funktionalität im Verhältnis zu Aufwand oder Dauer.

Es stellt sich bei Standardsoftware meist noch ein ganz spezielles Problem, das aber bei konsequenter Einhaltung der IFPUG-Vorgaben gelöst werden kann.

Bei einer Reihe von Standardsoftwaresystemen sind viele Funktionen über Listboxen (auch: Auswahllisten, Auswahlboxen, Picklisten) realisiert. Das heißt beispielsweise, dass man in ein Datenfeld keine Inhalte über die Tastatur eingeben kann, sondern nur über das Auswahlmenü einer Listbox. Da die Inhalte fachlicher Natur sein können, scheint es sich in solchen Fällen um Abfragen und Eingaben zu handeln. Doch hier muss streng unterschieden werden, ob die Abfrage fachlich bedingt ist (das Vorhandensein von fachlichen Daten alleine reicht nicht aus) oder ob es »nur« die Art bzw. der »Stil« der Anwendung ist. Es mag zu Beginn einer Bewertung nicht immer eindeutig zu bestimmen sein, ob eine Listbox nun wirklich fachlich bedingt ist – aber es wäre ein Fehler, diese Listboxen ungeprüft generell zu zählen.

Liegen technische Gründe vor, dass in einem Feld etwas eingetragen werden muss und dies über Listboxen realisiert ist, dann werden diese Abfragen nicht bewertet. Wichtig ist es zu klären, ob die Liste fachlicher oder technischer Natur ist. Können die Daten innerhalb der Anwendung selbst gepflegt werden, gelten sie als fachlich. Werden sie aber von einer technischen Administration bereitgestellt und gepflegt, sind sie nicht zu bewerten.

Es ist gerade bei Standardsoftware sehr kritisch zu hinterfragen: Was ist fachliche Funktionalität, die der Anwender auch benötigt, und was ist technische Realisierung? Ebenfalls darf man hier nicht den Fehler machen, die Datenbestände aufgrund technischer Vorgaben zu zählen. Auch hier muss man dem CPM treu bleiben und nur jene Daten als Bestände zählen, die den Regeln und Vorgaben entsprechen.

5.6 Technische Systeme und Infrastruktursysteme

Immer wieder kommt die Frage auf, inwieweit sich technische Systeme bzw. technische Projekte mit der FPA bewerten lassen. Verständlich ist, dass Projekte für die FPA nicht geeignet sind, die sich ausschließlich mit der Einführung oder Erweiterung von Hardware beschäftigen. Diese Art von Projekten muss mit anderen Verfahren bewertet werden. Das Gleiche gilt für Infrastrukturprojekte wie zum Beispiel die Umstellung aller Computer eines Unternehmens auf eine neue Umgebung. Hier werden technische Möglichkeiten bereitgestellt, die im Sinne der FPA keine Fachlichkeit beinhalten.

Nun gibt es noch Softwaresysteme und -projekte, die andere Anwendungen und Systeme beim ordnungsgemäßen Funktionieren unterstützen. Diese Systeme haben oft keine Benutzeroberfläche, laufen teilweise beständig im Hintergrund und sind für einen Laien oft schwer zu erkennen. Aber auch diese Anwendungen müssen entwickelt bzw. weiterentwickelt werden. Als Beispiel mag ein Rechenkern einer Versicherung dienen. Die Sachbearbeiter können mit ihren Systemen alle notwendigen Angaben des Versicherten eingeben und bearbeiten, die Berechnung der Versicherungsprämie und anderer notwendiger Werte findet aber nicht in der Anwendung der Sachbearbeiter statt, sondern wird von einem anderen System, dem Rechenkern, vorgenommen. Die Anwendung der Sachbearbeiter lässt sich mit der FPA problemlos bewerten. Fragt sich, ob das auch für das »technische System Rechenkern« gilt?

Generell sind solche Systeme von einer Bewertung mit der FPA nicht ausgeschlossen, aber es bedarf schon einiger Erfahrung, diese regelkonform zu analysieren. Voraussetzung hierfür ist, dass eine Abgrenzung sauber gezogen werden kann und fachliche Funktionalitäten erkennbar sind. Erfahrungsgemäß dauern solche Bewertungen länger als sonst, da man sich meist nur anhand von Unterlagen einen Überblick über das System verschaffen kann und die Identifizierung von fachlicher Funktion bei den oft komplexen Prozessen »fachlichen Laien« Probleme bereiten kann.

Da »technische Systeme« ein weiter Begriff ist und von Unternehmen zu Unternehmen verschieden gehandhabt wird, kann eine allgemeine Aussage, was noch bewertbar ist und was nicht mehr, nicht gegeben werden. Das »technische

System« Steuerung eines Aufzuges kann mit der FPA ohne große Schwierigkeiten analysiert werden, ein System, das interne Datenflüsse steuert, dagegen weniger gut.

5.7 Zertifizierung als CFPS

Die IFPUG bietet für alle Interessierten eine Zertifizierung zum *Certified Function Point Specialist* (CFPS) an. Die schriftliche Prüfung dauert drei Stunden (für Nicht-Englischsprachige kann sie auf Antrag am Prüfungstag um eine halbe Stunde verlängert werden) und enthält drei Teile.

- Der erste Teil mit ca. 50 Multiple-Choice-Fragen beschäftigt sich mit den IFPUG-Regeln.
- Der zweite Teil, mit ähnlichem Umfang, stellt Multiple-Choice-Fragen zur Anwendung dieser Regeln.
- Der dritte Teil besteht aus einer vom Kandidaten durchzuführenden Analyse mit etwa einem Dutzend Funktionen und Datenbeständen. Das Fallbeispiel kann aus mehreren Seiten Text mit Grafiken und Maskenabbildungen bestehen. Dabei sind auch die Komplexitätsregeln anzuwenden!

Da die Prüfung komplett in Englisch und in begrenzter Zeit durchgeführt wird, sind entsprechende Englischkenntnisse unbedingt notwendig – die Prüfungszeit reicht nicht zum Nachschlagen in Wörterbüchern. Und obwohl während der Zertifizierung ein von der IFPUG bereitgestelltes Exemplar des CPM sowie eine eigene Referenzkarte benutzt werden darf, ist die Durchfallquote extrem hoch (sie liegt bei über 50 %), da das Zertifikat nur dann erteilt wird, wenn mindestens 90 % aller Fragen und Aufgaben richtig beantwortet wurden. Trotz der vorhandenen Unterlagen reicht die Zeit nicht aus, während der Prüfung die Regeln nachzulesen. Eine intensive Vorbereitung ist daher absolut notwendig. Wir halten einen Erfolg der Prüfung ohne genaue Kenntnis des CPM, ohne praktische Erfahrung und konzentrierte Durcharbeitung der *Case Studies* für aussichtslos. Die Fragen sind einerseits sehr spitzfindig und verzwickt, andererseits lassen sie sich nur zum Teil durch Erfahrung schnell beantworten.

Ohne praktische Erfahrung sollte man sich an die Prüfung nicht wagen. IFPUG empfiehlt erst dann die Zertifizierung anzustreben, wenn man ca. 14.000 FPs selbst gezählt hat. Hat man sich erfolgreich als CFPS zertifiziert, darf man sich drei Jahre lang mit diesem Titel schmücken – dann muss das Zertifikat wieder neu erworben werden.

Das Muster einer Zertifizierung kann man in dem Buch *Measuring the Software Process* von David Garmus und David Herron [27] nachlesen, zudem bietet

---

27. [Garmus & Herron 1996]

die IPFUG auf ihrer Webseite auch ein käuflich zu erwerbendes Tool mit Prüfungsfragen an.

Die IFPUG bietet diese Prüfung regelmäßig in den USA an. Gelegentlich werden Prüfungen in Eigeninitiative oder mit Unterstützung von Unternehmen auch im deutschsprachigen Raum durchgeführt. Termine finden Sie z. B. auf der Homepage der QuantiMetrics GmbH, *www.quantimetrics.de*.

6 Vorgehen

6.1 Welche Vorgehensalternativen gibt es?

Eine Function-Point-Zählung oder -Prognose kann auf verschiedene Art und Weise durchgeführt werden. Die Wahl des Vorgehens hängt von unternehmensspezifischen Aspekten und Bedingungen ab.

Unsere Erfahrung hat gezeigt, dass die Analyse am System selbst, unterstützt durch ein Interview mit einem fachlich kompetenten Projektmitarbeiter – das muss nicht immer der Projektleiter selbst sein – das effektivste Vorgehen ist. Der FP-Experte kann anhand der Anwendung die einzelnen Elementarprozesse identifizieren, bei Rückfragen steht ein kompetenter Partner mit Erklärungen zur Seite und dieser selbst kann auf Funktionalitäten aufmerksam machen, die für den FP-Experten auf den ersten Blick nicht so offensichtlich sind.

Eine weitere Möglichkeit ist die Analyse anhand vorhandener Dokumente. Es sind hier gleich gute Ergebnisse erzielbar, wenn die Dokumentenlage über das Auskunft gibt, was der FP-Experte benötigt. Es hängt stark vom Unternehmen ab, ob solche Dokumente existieren und vollständig erstellt worden sind. Generell geht man zwar davon aus, dass im abgenommenen Fachkonzept alle notwendigen Inhalte vorhanden sind – doch die Qualität des Fachkonzepts entscheidet. In einem frühen Stadium der Prognose oder der Analyse ist man meist auf solche Dokumente angewiesen. Es hat sich aber gezeigt, dass der Aufwand für solche Analysen etwas höher ist, da der FP-Experte sich erst in die ganzen Dokumente einlesen und selbst herausfinden muss, was für ihn notwendig ist. Ohne Unterstützung vom Projektteam kann es hier auch durchaus zu Fehleinschätzungen kommen.

Das Interview mit dem fachlichen Gesprächspartner sollte im Grunde in keinem Fall fehlen, egal, ob man am System oder anhand von Dokumenten zählt. Zweifelsfälle können so schnell geklärt, Rückfragen in kurzer Zeit beantwortet und Eigenheiten erläutert werden.

Für grobe Prognosen des Aufwands eines zukünftigen Projekts oder um einen ersten Überblick zu bekommen, lassen sich die Function Points auch mittels existierender Geschäftsprozessbeschreibungen ermitteln. Das Ergebnis gibt eine

Größenordung an, mit der eine Entscheidung über das weitere Vorgehen getroffen werden kann.

Es gibt also verschiedene Möglichkeiten, eine Anwendung mit der FPA zu bewerten, doch die Praxis zeigt, dass ein Verzicht auf einen Fachexperten nicht sinnvoll ist. In vielen Fällen kann nämlich nur er die Fachlichkeit eines Elementarprozesses identifizieren. Sicher, bei einer Reihe von Systemen kann auch der »Laie« erkennen, was fachlich ist oder was nicht (siehe das Übungsbeispiel in diesem Buch). Doch bei so mancher Anwendung einer Bank, einer Versicherung oder eines Logistikunternehmens ist man als Außenstehender an manchen Stellen verloren. So kommt es vor, dass zwar Elementarprozesse erkannt, aber ggf. nicht als fachlich identifiziert werden, ebenso kann es passieren, dass Elementarprozesse überhaupt nicht erkannt werden und dann unberücksichtigt bleiben.

Der FP-Experte entscheidet letzten Endes über die Anwendung der verschiedenen Regeln, der Fachexperte aber entscheidet über die Auslegung der Anwendersicht.

6.2 Durchführung eines Interviews

Was für vieles andere gilt, das gilt auch für eine Function-Point-Analyse: Je besser vorbereitet, desto effizienter die Durchführung. Zuerst muss natürlich geklärt sein, was zu zählen ist. Dabei reicht es meist nicht aus, nur den Namen der Anwendung zu nennen, sondern auch den Releasestand, damit das genau dokumentiert werden kann. Ob Basis-, Projekt- oder Releasezählung, das macht für den FP-Experten keinen großen Unterschied, die Vorbereitungen hierzu sind aber leicht verschieden.

Bei einer Basiszählung sollte der FP-Experte sich vorab Informationen zur Anwendung besorgen, um einen ersten Überblick zu bekommen. Steht eine Releasezählung an, so sind selbstverständlich die schon existierenden Unterlagen einzusehen. Je besser der FP-Experte über die Anwendung Bescheid weiß, desto einfacher wird er die fachlichen Funktionalitäten verstehen können und desto schneller kann mit dem eigentlichen Zählen begonnen werden. Ist eine Vorbereitung – aus was für Gründen auch immer – nicht möglich, müssen diese Basisinformationen zu Beginn der Analyse eingefordert und dargelegt werden:

- Was soll genau gezählt werden?
- Welche Basis/welches Release soll gezählt werden? (Genaue Benennung)
- Wo liegen Unterlagen für einen ersten Überblick?
- Wo liegen die Unterlagen der früheren Analysen der Anwendung?
- Wo liegt das Dokument zum Release?

Jede Analyse steht oder fällt mit ihren Interviewpartnern. Es ist nicht empfehlenswert, allein und nur aufgrund von verschiedenen Dokumenten zu zählen – was theoretisch natürlich möglich ist. Das kann zwar eine gute Übung sein oder einen ersten Überblick über die Größe des Systems geben – vollständig und korrekt dürfte so eine Analyse jedoch nicht sein. Meist sind die Dokumente zu spezifisch oder zu grob, als dass sie für eine Function-Point-Analyse wirklich gut zu gebrauchen wären. Schnell hat man auch eine Funktion übersehen bzw. einen gesamten Komplex nicht erfassen können. Ohne Fragen an die Fachleute ist da nichts zu machen. Daher sollte also lieber gleich die Analyse mit denen gemeinsam durchgeführt werden, die aus fachlicher Sicht ausreichend über die Anwendung informieren können. Nur in den seltensten Fällen liegen Feinkonzepte in solcher Form vor, dass aus ihnen wirklich alle relevanten Informationen »herausgelesen« werden können.

Entwickler bzw. Programmierer, die die Anwendung wie ihre Westentasche kennen, eignen sich nicht immer als Interviewpartner, da sie zwar eine ausgezeichnete technische Sicht auf die Anwendung haben, aber nicht immer eine gleich ausgezeichnete fachliche Sicht – und um die geht es bei der Analyse. Denn es passiert nicht selten, dass Entwickler Funktionen der Anwendung in ihre für die Kodierung notwendigen Bestandteile zerlegen und eine Detailtiefe ansteuern, die für die Analyse nicht notwendig ist.

Die erste Aufgabe also ist, Personen zu identifizieren und zu finden, die die Anwendung möglichst umfassend aus fachlicher Sicht beschreiben und erklären können. Bei großen Anwendungen kann es vorkommen, dass einer alleine gar nicht Auskunft geben kann, dann müssen mehrere Interviewpartner eingeladen werden. Man sollte vorher schon in einem kurzen Gespräch abklären, ob ggf. noch weitere Know-how-Träger für einzelne Module oder Teile hinzugezogen werden müssen. Das heißt aber nicht, dass alle während der ganzen Analyse anwesend sein müssen. Als optimal hat sich erwiesen, wenn ein oder zwei Fachwissenträger während der gesamten Analyse mitarbeiten und für die speziellen Teile dann die weiteren Know-how-Träger dazustoßen. Das heißt, die Verfügbarkeit aller Ansprechpartner muss für die Dauer der Analyse gewährleistet sein. Das ist oft einfacher gesagt als getan. Daher ist es sinnvoll, große Analysen nicht gleich auf vier oder fünf hintereinander liegende Tage zu terminieren, da jeder Mitarbeiter auch noch sein Tagesgeschäft zu verrichten hat. Zwei, maximal drei Tage hintereinander sind für die Analyse einer großen Anwendung das Maß der Dinge – längere Terminierungen brechen oft zusammen, da über einen so langen Zeitraum eine Verfügbarkeit aller Beteiligten eigentlich nie möglich ist.

Andererseits sollte man aber auch nicht mit großen Pausen zählen, denn nach längeren Abständen ist die Einarbeitung nicht zu unterschätzen.

Hier noch einmal die Punkte, die in Bezug auf die Interviewpartner zu klären sind:

- Wer kann umfassend das System aus fachlicher Sicht beschreiben und erklären?
- Werden zu einzelnen Funktionsbereichen weitere oder besondere Know-how-Träger benötigt?

- Sind alle Ansprechpartner zu den geplanten Terminen auch wirklich verfügbar?
- Sind zusätzliche Know-how-Träger kurzfristig erreichbar?

Sind die Ansprechpartner identifiziert und eingeladen, sollten alle verfügbaren Dokumente ebenfalls zum Termin vorliegen. Es tauchen bei fast jeder Analyse Fragen auf, die von den Ansprechpartnern nicht mit Sicherheit beantwortet werden können. Diese Unsicherheiten sind aber mit einem Blick in die Unterlagen oft schnell auszuräumen. Es macht keinen Unterschied, ob die Unterlagen in Papierform oder elektronisch vorliegen. Wichtig ist, dass sie vorliegen und auf sie schnell und ohne große Umstände zugegriffen werden kann. Unterlagen, die für eine Analyse von Nutzen sein können – sofern vorhanden –, sind u. a.:

- Benutzerhandbuch
- Scope-Dokumente
- Designdokumente
- Fachkonzept
- Pflichtenheft
- Listen/Reports/Ausdrucke
- Schulungsunterlagen
- Schnittstellendokumentation
- Präsentationen
- Testfälle
- Prüfplan

Eine Analyse macht man nicht mal so nebenher. Daher sollten sich alle Teilnehmer in einem Raum treffen können, der von Störungen gut abgeschirmt ist. Eine konzentrierte Arbeitsatmosphäre ist der Sache sehr dienlich. Ein Flipchart bzw. eine beschreibbare Wand für Erläuterungen hilft oft beim Verständnis komplexer Sachverhalte. Es kommt immer wieder vor, dass Anwendungen nur auf sehr wenigen Rechnern in einem Unternehmen laufen. Dann muss die Analyse im entsprechenden Büro stattfinden. Dies sollte den betroffenen Bürokollegen natürlich bekannt gegeben werden.

Sind mehr als drei Personen an der Analyse beteiligt, empfiehlt es sich, einen Beamer zu benutzen. So können alle mitverfolgen, was gezählt wird, und leidige Diskussionen, ob das nun schon aufgenommen wurde oder nicht, verringern sich dadurch auf ein Minimum. Gerade bei Basiszählungen (was aber auch für Releasezählungen gelten kann) ist es von Vorteil, wenn dem FP-Experten die Anwendung zur Verfügung steht. Optimal ist es, wenn ihm für die Zeit der Analyse ein Zugang eingerichtet wird, um sämtliche Funktionen gemeinsam mit seinem Interviewpartner ausprobieren und bewerten zu können. Bei Testumgebungen passiert es häufig, dass Module noch nicht oder nicht mehr zur Verfügung stehen. Dann muss wieder auf die Unterlagen zurückgegriffen werden. Es muss jedoch gewährleistet sein – auch das ist im Vorfeld abzusprechen –, dass dem FP-Experten alle Funktionen der Anwendung entweder zur Verfügung stehen oder von Ansprechpartnern genau erklärt werden können. Bei Testsystemen ist es darüber hinaus von Vorteil, wenn für alle Geschäftsvorfälle notwendige Testdaten vorbereitet sind.

Checkliste für eine konzentrierte Arbeitsatmosphäre:

- Zugang zum aktuellen (Test-)System. Wenn die Analyse in einem anderen Raum stattfindet, vorher überprüfen, ob das System auch zur Zufriedenheit funktioniert.
- Ungestörter Raum
- Flipchart/Wand/Overheadprojektor
- Beamer (wenn das Team mehr als drei Personen umfasst)

Sind diese Vorbereitungen geschehen und sitzen alle Beteiligten zusammen, gibt es nur wenige Hinweise, wie die eigentliche Analyse vonstatten gehen soll. Generell ist es ratsam, die Anwendung, soweit sie nicht wirklich gut bekannt ist, von einem fachlich versierten Ansprechpartner kurz vorstellen zu lassen. Ein erster – kurzer – Blick auf die Anwendung kann auch nicht schaden, wenn sie zur Verfügung steht. Man sollte jedoch darauf achten, in dieser Phase noch nicht zu tief ins Detail zu gehen, denn diese Übersicht dient in erster Linie dazu, die Anwendungsabgrenzung zu finden und zu dokumentieren.

Die Abgrenzung zu identifizieren ist manchmal ein mühsamer Prozess. Oft haben die Gesprächspartner keine Kenntnis der FPA. Sinnvoll ist es hier, kurz die Funktionsweise der FPA vorzustellen und in der Gruppe den Konsens zu schaffen, dass die Fachlichkeit im Vordergrund steht und nicht die Technik.

Ist die Abgrenzung erfolgt, ist es dem FP-Experten überlassen, wie er nun konkret vorgeht. Die Erfahrung zeigt, dass es für alle Beteiligten am einfachsten ist, mit der Benutzeroberfläche – soweit vorhanden – zu beginnen. Als praktisch hat sich erwiesen, die typischen Nutzungsabläufe in der Anwendung durchzugehen und besondere Funktionen in einem zweiten Schritt zu erheben. Damit bekommt man Struktur in die Analyse hinein, gewinnt zudem einen Überblick und verzettelt sich nicht in Ausnahmen und Sonderfällen, die man als FP-Experte gerade zu Beginn einer Analyse nicht immer gleich verstehen kann.

Bei jeder identifizierten Funktion sollte sich immer auch die Frage nach den Datenbeständen stellen. Überprüft man nämlich bei jeder bewerteten Funktion die dazugehörigen Datenbestände, wird die Gefahr, einen Datenbestand zu übersehen, geringer, als wenn man die Datenbestände extra bewertet.

Da jede Funktion und jeder Datenbestand benannt werden muss, ist auf eine eindeutige und verständliche Sprache zu achten. Auch hier gilt die Regel: So kurz wie möglich, so lang wie nötig. Man kann selbstverständlich mit den üblichen im Unternehmen gebräuchlichen Abkürzungen arbeiten (Abkürzungen für Systeme etc.). Abkürzungen, die nur die Anwendung betreffen oder sehr fachspezifisch sind, können ebenfalls benutzt werden, wenn zugleich ein Glossar geführt wird, damit auch ein Fachfremder die Analyse »lesen« und verstehen kann.

Auch wenn die existierenden Anwendungen sehr unterschiedlich sind, sollte der FP-Experte darauf achten, folgende Bereiche nicht zu vergessen:

- Benutzeroberflächen
- Administration
- Ausdrucke/Listen
- Schnittstellen zu anderen Systemen

Wir verwenden diese vier Punkte als eine Art Checkliste, um sicherzustellen, dass auch tatsächlich alle Bereiche der Anwendung analysiert wurden. Hilfreich für die Qualitätssicherung ist selbstredend auch eine entsprechend strukturierte Dokumentation der Analyse. Hier setzen wir das Werkzeug Function Point WORKBENCH™ (FPW) ein, das weiter unten beschrieben ist. Der mit der FPW erstellte funktionale Hierarchiebaum ist eine wertvolle Hilfe, wenn es darum geht, mit dem Interviewpartner und eventuellen weiteren Beteiligten die Vollständigkeit und Korrektheit der Analyse zu überprüfen.

6.3 FPA in der Anforderungsanalyse

Wird eine FP-Bewertung schon im Zuge der Anforderungsanalyse durchgeführt, macht es wenig Sinn, ein Interview wie oben beschrieben durchzuführen. Die FP-Analyse wird hier am sinnvollsten im Rahmen eines oder mehrerer Workshops durchgeführt, wie man sie mit den Anwendern vielleicht ohnehin im Zuge der Anforderungsanalyse durchzuführen plant.

Im Gegensatz zum Einsatz in späteren Projektphasen hat die FPA in der Anforderungsanalyse eher einen beschreibenden als einen messenden Charakter. Die dokumentierten Elementarprozesse und Datenbestände bilden zunächst einmal eine – häufig die erste – strukturierte Beschreibung der fachlichen Anforderungen.

Das aufgrund der Regeln der FPA geforderte systematische und strukturierte Vorgehen unterstützt dabei eine ebenso systematische und strukturierte Anforderungsanalyse. Die von der FPA dabei in den Vordergrund gestellte Anwendersicht vermeidet, wenn man so sagen darf, die oft beobachtete Dominanz der durch die Entwickler beigesteuerten technischen Begriffe (»die Datei 4711«) und fördert dagegen die fachliche Sicht (»die Kundenstammdaten«).

6.4 Dokumentationen der Analyse

6.4.1 Dokumentation des Analyseumfeldes

Es ist zwar übertrieben zu behaupten: »Ohne Dokumentation ist eine Analyse wertlos!« – aber die Aussage ist auch nicht wirklich falsch. Mit der Dokumentation des Analyseumfeldes ist in diesem Fall nicht die Dokumentation aller Funktionen und Datenbestände gemeint (s.u.), sondern alle jene Informationen, die rund um die Analyse notwendig und wichtig sind. Diese zusätzlichen Informationen umfassen alle jene Bedingungen und Besonderheiten, die mit der eigentlichen Analyse nicht abgedeckt werden. Ganz allgemein gehören die folgenden üblichen Daten in die Dokumentation:

- Genaue Bezeichnung der Anwendung: Abkürzung ebenso wie ausgeschriebener Name
- Genaue Bezeichnung des Releases oder der Versionsnummer, ggf. genaue Beschreibung, welcher Stand der Anwendung gezählt wurde.
- Phase bzw. Zeitpunkt (Anforderungsanalyse, Fachkonzept etc.)
- Art der Anwendung: Hier sollte angegeben werden, ob es sich um eine Batchanwendung, eine Onlineanwendung etc. handelt.
- Programmiersprache: Benennung der Programmiersprache bzw. Programmiersprachen (in Prozenten, ggf. auch geschätzt)

Zudem muss unbedingt die Abgrenzung dokumentiert werden. Dies muss keine seitenlange Beschreibung sein, oft reicht eine einfache Skizze oder die Benennung der eigentlichen Anwendung und der in Verbindung stehenden Anwendungen. Notwendig ist dies, damit bei einer Releasezählung, die von einem anderen FP-Experten durchgeführt wird, die gleiche Abgrenzung genommen wird. Würde bei einer Basisanalyse und einer Releasezählung des gleichen Systems die Abgrenzung jeweils anders gezogen, würden die Ergebnisse der Releasezählung nicht die richtige Größe des Projekts darstellen. Es kann daher nur nochmals mit Nachdruck darauf hingewiesen werden, dass die Abgrenzung bei einer Basisanalyse überlegt vorgenommen werden muss.

Weitere Inhalte des Zähldokumentes sollten sein:

- Art der Analyse: Basis-, Projekt- oder Releaseanalyse
- Datum der Analyse
- Name(n) Interviewpartner (für mögliche Nachfragen)
- Name(n) FP-Experte oder Zählteam
- Benutzte Dokumente
- Analyse erfolgte an (Test-)System (Ja/Nein)
- Anzahl der FPs bei Basis- und Projektanalyse
- Anzahl der FPs bei Releaseanalyse aufgeteilt nach: FPs »alte« Basis; FPs Release (wiederum aufgeteilt nach: hinzugefügt, geändert, gelöscht); FPs »neue« Basis.

Die Nennung der beteiligten Personen dient bei einer späteren Analyse dazu, ggf. Nachfragen stellen zu können. Wichtig ist auch die Angabe der benutzten Dokumente, um im Zweifelsfall nachweisen zu können, auf welcher Grundlage bewertet wurde. Der Hinweis, ob die Analyse am System erfolgte, dient zur Einschätzung der Analyse. Analysen nur auf Basis von Unterlagen sind meist etwas unschärfer als Analysen am System. Es gibt natürlich auch Systeme (Rechenkerne, Batchanwendungen), die zum Teil nur wenige, wenn überhaupt, Oberflächen haben. Hier ist es besonders wichtig zu dokumentieren, auf welche Art und Weise man die Informationen zum System und seiner Funktionalität erlangt hat.

Darüber hinaus sollten alle Besonderheiten zur Anwendung wie zur Analyse notiert werden. Besonderheiten zur Analyse können u. a. sein:

- Fehlende Unterlagen
- Eingeschränktes Testsystem
- Nicht zu klärende Funktionalitäten
- Fehlende Know-how-Träger
- Eingeschränkte Verfügbarkeit der Know-how-Träger
- Fehlende (Teil-)Informationen
- Fehlende Berechtigungen etc.

Besonderheiten zur Anwendung bzw. System können u.a sein:

- Hohe Transaktionsraten
- Hohes Mengengerüst der Datenbank
- Extrem komplizierte Berechnungen
- Rechtliche Anforderungen
- Funktionalitäten die entwickelt wurden aber aus verschiedenen Gründen nicht implementiert wurden
- Hoher Sicherheitsstandard
- Komplexes Benutzerkonzept etc.

Diese Informationen dienen dazu, bei einem Vergleich die verschiedenen Systeme besser einschätzen zu können.

6.4.2 Dokumentation der Analyse

Jede Analyse sollte dokumentiert werden. Dabei reicht es nicht, nur das Zählergebnis als solches zu bewahren, sondern es sollte auch die komplette Analyse mit allen Bezeichnungen der Funktionen und Datenbestände aufbewahrt werden.

Im Grunde reichen, wie bei vielen Dingen, Papier und Bleistift, um eine Analyse durchzuführen. Ein Tool ist erst dann ratsam und dringend zu empfehlen, wenn das Unternehmen sich entschlossen hat, dauerhaft Function-Point-Analysen durchzuführen. Für eine Probeanalyse oder gelegentliche, seltene Analysen kann man sich auch mit einfachen Hilfsmitteln behelfen. Sie sind schnell verfügbar, es entfällt eine Einarbeitungszeit, und mit Hilfe eines Taschenrechners sind auch die Summen korrekt zu berechnen. Doch haben Papier und Bleistift – gerade bei großen Analysen – auch Nachteile. Eine gewisse Unübersichtlichkeit macht sich dann doch recht schnell breit, auch wirken sich Korrekturen bzw. Hinzufügungen mit der Zeit negativ aus.

Aufwändig wird es, wenn man nach einer Basisanalyse eine Releasezählung auf der Grundlage einer »Papier-Analyse« erheben will. Die Basisanalyse dient hierzu als gute Grundlage, doch nun müssen die Veränderungen zur Releasezählung extra notiert werden, wie ebenfalls die neue Basis extra aufgezeichnet werden muss. Ein zeitlicher Aufwand, der auch Übertragungsfehler provoziert.

Viel technische Unterstützung für die FP-Analyse findet sich nicht auf dem Markt. Zwar gibt es eine Reihe von Schätztools, die mit FPs arbeiten, die aber die Ermittlung von FPs nicht unterstützen. Hin und wieder tauchen im Internet Tools auf, die aber nicht über längere Zeit verfügbar sind und bei denen auch keine Aussagen darüber gemacht werden können, ob diese für einen dauernden Einsatz in einem Unternehmen geeignet sind. Es bleiben mit Stand von heute (Juli 2005) derzeit nur zwei Alternativen: MS-Excel und die Function Point WORKBENCH™ (FPW) des australischen Herstellers Charismatek Software Metrics[28].

Dokumentation mit MS-Excel

Die einfachste (technische) Lösung zur Unterstützung einer Analyse ist ein Excel-Sheet. Da eine Analyse nur wenige Formeln benötigt, ist es für jemanden, der sich mit den Grundfunktionen von Excel auskennt, schnell erstellt und ebenso schnell einsetzbar. Selbst die Analyse mit den Komplexitätsregeln lassen sich in einem Excel-Sheet abbilden, genauso wie die Berechnung des VAF.

Ein wesentlicher Mangel von Excel-Sheets zeigt sich, wenn damit eine Releasezählung auf der Grundlage einer bereits durchgeführten Basiszählung dokumentiert werden soll. Die Überführung der so erfassten Releasezählung in eine aktualisierte Basiszählung lässt sich mit Excel-Mitteln kaum automatisieren.

Unser Fazit: Zur Übung, für kleinere und einmalige FP-Analysen reichen Excel-Sheets als Dokumentationswerkzeug für die Elementarprozesse und Datenbestände aus. Die Grenzen von Excel liegen bei der regelmäßigen Durchführung von Releasezählungen.

Ein Excel-Sheet für die Erfassung einer FP-Analyse seht unter *www.fpa-praxishandbuch.de* kostenlos zur Verfügung.

Function Point WORKBENCH™ (FPW)

Die FPW der australischen Firma Charismatek Software Metrics ist derzeit das weltweit am weitesten verbreitete Tool für die Analyse mit Function Points – mit dem schönen Leitsatz: »For the people who count.« Zwar nimmt auch die FPW

---

28. www.charismatek.com

dem FP-Experten die Schreibarbeit nicht ab und auch die Struktur der Analyse muss selbstverständlich vom FP-Experten vorgegeben werden, doch die derzeit »unschlagbaren« Vorteile sind:

- Grafische Darstellung der Analyse als Baumstruktur (vgl. Abb. 6–1)
- Import-/Exportfunktion für Analysen
- Einfache Handhabung bei Releaseanalysen
- Einfache Handhabung bei automatischer Erstellung der »neuen Basis«

Aber da nicht alles Gold ist, was glänzt, gibt es auch bei der FPW Dinge zu bemängeln, wie beispielsweise die teilweise umständliche Handhabung, die aber von Version zu Version verbessert wird. Doch mit diesem Übel lebt es sich dann doch nicht ganz so schlecht, hat man einmal gesehen, wie aus einer Releasezählung mit wenigen Arbeitsschritten die neue Basis automatisch generiert wird. Die FPW dokumentiert auch jeden Zählstand, so dass die Entwicklungsgeschichte eines Systems/einer Anwendung über die Zeit hinweg nachverfolgt werden kann.

Der Umgang mit der FPW ist schnell gelernt, so dass man sich im Grunde ab der zweiten oder dritten Analyse ausschließlich um die Analyse kümmern kann und das Tool ab dieser Zeit schon reines unterstützendes Hilfsmittel ist.

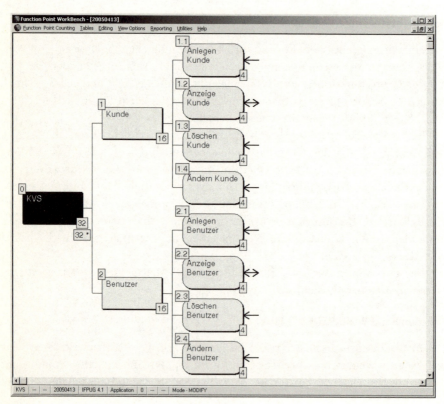

Abb. 6–1 Funktionaler Hierarchiebaum in der FPW

6.4 Dokumentationen der Analyse

Für jede Anwendung wird zuerst ein Knoten ganz links angelegt. Dieser kann um weitere Knoten (*components*) nach rechts erweitert werden. Man erhält, da die Ebenen nach rechts unbeschränkt sind, auf diese Weise einen funktionalen Hierarchiebaum, der einen guten Überblick über die Anwendung verschafft. Auf der untersten Ebene des Hierarchiebaums, in der grafischen Darstellung der FPW also ganz rechts, befinden sich die Elementarprozesse (*transactions*). Diese sind durch Zeichen eindeutig gekennzeichnet und daher auch von Außenstehenden leicht zu verstehen.

Die Berechnung der FP-Werte erfolgt nicht nur für die gesamte Anwendung, sondern auch pro Knoten, so dass auch die Gewichtungen einzelner Strukturteile sichtbar sind. Beispielsweise kann hier abgelesen werden, wie groß der funktionale Umfang für die Druckausgaben, für die Onlinefunktionalitäten etc. ist. Alle Knoten lassen sich zusammen mit ihren Transaktionen verschieben, kopieren und natürlich auch löschen.

Wird unter Verwendung der Komplexitätsregeln gezählt, so werden die Werte pro Funktion in einer gesonderten Maske eingegeben. Das Tool unterstützt durch verschiedene kleinere Funktionen die schnelle Dokumentation. So können auch ganze Äste (Knoten und Funktionen) angelegt werden.

Ist eine Basisanalyse beendet und qualitätsgesichert, wird diese innerhalb der FPW »geschlossen«. Auf dieser geschlossenen Version kann nun in wenigen Schritten für ein Release eine neue Version generiert werden, die im Grunde eine Kopie der Basisanalyse darstellt, mit der Besonderheit, dass in dieser Version alle Änderungen dokumentiert werden können. Mit einem einfachen Klick auf die betroffene Funktion kann diese auf geändert oder gelöscht gesetzt werden, ebenso wie auch neue Funktionen aufgenommen werden können. Geänderte, gelöschte oder hinzugefügte Funktionen und Datenbestände werden als solche gekennzeichnet, so dass man schnell einen Eindruck erhält, was sich geändert hat. Die Berechnung des FP-Werts erfolgt wiederum automatisch.

Ebenfalls nur wenige Schritte werden daraufhin benötigt, die »alte« Basis mit dem Release zur »neuen« Basis zu verschmelzen. Hier werden alle Änderungen übernommen, so dass in der neuen Basis die im Release gelöschten Funktionen fehlen und die neu hinzugekommen abgebildet werden. Der Umfang der neuen Basis ist sofort ablesbar.

Die Analyse kann auf Papier als Strukturbaum genauso ausgegeben werden wie in verschiedenen Übersichtslisten (nur Transaktion, nur Datenbestände, gesamte Analyse etc.), teilweise auch in Excel-Tabellen oder HTML.

7 Aufwandsschätzung

Die Behandlung der Aufwandsschätzung für Softwareprojekte darf als klassisches Anwendungsgebiet der Function-Point-Analyse in diesem Buch nicht fehlen.

Die Erwartungen an die FPA als Lösung für das Aufwandsschätzproblem waren in der Vergangenheit häufig zu hoch gesetzt; die mit der Ableitung des voraussichtlichen Projektaufwands aus dem FP-Wert verbundene Komplexität wurde gemeinhin unterschätzt. Dies hat bei vielen Anwendern zu Enttäuschungen geführt. Wir wollen deshalb in diesem Kapitel aufzeigen,

- wie Aufwandsschätzungen auf der Basis der FPA durchgeführt werden,
- wie das Verfahren sinnvoll im Projektlebenszyklus eingesetzt werden kann,
- für welche Arten von Projekten nutzbare Ergebnisse erzielt werden können und schließlich
- wie die Ergebnisse dieser Aufwandsschätzungen für die Planung von Projekten und Projektportfolios zu verwenden sind.

Zunächst jedoch muss man verstehen, welche Faktoren es eigentlich sind, die den Aufwand, die Kosten oder letztlich auch Dauer und Qualität von Softwareentwicklungsprojekten beeinflussen. Nach der Bestimmung des von einem Projekt geforderten fachlichen Funktionsumfangs mit Hilfe der FPA sind wir noch nicht am Ziel der Aufwandsschätzung. Jetzt gilt es, die weiteren für das Projekt relevanten Aufwands- und Kostentreiber zu identifizieren und geeignet zu berücksichtigen. Hierzu gibt es wieder zwei Alternativen: Man kann sich auf die eigenen Erfahrungen mit bereits durchgeführten Projekten stützen – die erfahrungsbasierte Prognose. Oder man verwendet Prognosemodelle, die entsprechende Vorgaben zu Aufwands- und Kostentreibern bereits enthalten.

Lassen sich die verschiedenen Schätzmodelle für verschiedene Vorgehensmodelle in der Softwareentwicklung gleichermaßen verwenden? Wie unterscheidet sich die Aufwandsschätzung für iterative Vorgehensmodelle und agile Projekte von klassischen Wasserfallmodellen? Diese Fragen werden im Abschnitt 7.6 behandelt.

Aufwands- und Kostenprognosen sind vor allem Vorhersagen statistischer Zufallsvariablen. Was ist damit gemeint? Wenn Sie eine Münze zehnmal werfen, erwarten Sie, dass etwa fünfmal die Zahl und etwa fünfmal das Bild oben liegen werden. »Mindestens fünfmal wird die Zahl oben liegen« ist die Vorhersage einer statistischen Zufallsvariablen. Dass diese Vorhersage tatsächlich eintreten wird, kann nur mit einer begrenzten Wahrscheinlichkeit behauptet werden. Für die richtige Einordnung der Aufwandsschätzungen ist das Verständnis dieser statistischen Zusammenhänge wichtig. Nur wenn die Aussagekraft der Prognose richtig verstanden wird, lässt sie sich für die Planung verwenden.

7.1 Kosten- und Aufwandstreiber

Neben dem zu liefernden fachlichen Funktionsumfang gibt es für ein Softwareprojekt noch eine Reihe weiterer Einflussfaktoren, die die zu erwartenden Kosten und den voraussichtlichen Aufwand bestimmen. Der Klassiker von Capers Jones[29] liefert die in der Literatur wohl umfassendste Aufzählung dieser Faktoren. Er gruppiert sie in

- Staff Skill and Personnel Variables
- Management Project and Personnel Variables
- Project Attribute Variables
- Contract Project Variables
- Software Package Acquisition
- Software Defect Removal Methods
- Software Documentation Variables
- Maintenance and Enhancement Project Variables
- Project Risk and Value Factors
- Complexity and Source Code Factors

Wer sich die Mühe machen will, die einzelnen von Jones genannten Einflussfaktoren durchzuzählen, wird sicher auf mehr als 200 kommen. Dass es so viele verschiedene Einflussfaktoren gibt, ist aber letztlich keine Überraschung, bedenkt man einmal, wie komplex der Prozess der Softwareentwicklung ist.

Andererseits ist nicht jeder Einflussfaktor von gleicher Bedeutung. In der Praxis lässt sich die Anzahl der für eine Aufwandsschätzung relevanten Parameter deutlich reduzieren. So kommt z. B. das COCOMO-Prognosemodell, das wir weiter unten im Detail vorstellen, mit 23 verschiedenen Parametern zusätzlich zum fachlichen Funktionsumfang aus.

Eine gewisse Sonderrolle bei den Einflussfaktoren nimmt die für das Projekt benötigte Laufzeit oder Projektdauer ein. Spätestens seit Fred Brooks 1975 seinen

---

29. [Jones 1991]

Klassiker *The Mythical Man-Month*[30] veröffentlichte, ist die Tatsache des engen Zusammenhangs von Projektdauer und -aufwand bekannt. Auf einen einfachen Nenner gebracht: Je schneller ein Projekt beendet werden soll, umso höher muss sein Aufwand angesetzt werden. Die Projektdauer ist wohl neben dem fachlichen Funktionsumfang der wesentlichste allen Projekten gemeinsame Aufwandstreiber. In welcher Form und wie stark er konkret berücksichtigt wird, hängt vom jeweils verwendeten Schätzmodell ab.

Immer wieder und viel diskutiert als aufwandsrelevanter Faktor ist die Größe des Projekts selbst, in Function Points oder Aufwand gemessen. Die häufig geäußerte Vermutung eines zwingenden Zusammenhangs in dem Sinne »je größer das Projekt, desto überproportional größer der Aufwand« gilt zunächst nur im statistischen Sinne. Es gibt den Zusammenhang zwischen Größe und Aufwand, er kann im Falle eines einzelnen Projekts jedoch sowohl überproportional als auch unterproportional sein. So lassen sich abhängig von der Parametrisierung im COCOMO-Modell beide Situationen beschreiben.

7.2 Messung von Kosten und Aufwand

Dies ist ein Buch über die praktische Anwendung der FPA und nicht über die Messung von Kosten und Aufwand oder anderer Projektparameter in Softwareprojekten. In der Praxis beobachten wir jedoch immer wieder ein Problem: Die den Prognosen zugrunde liegenden Definitionen von Projektaufwand und -kosten entsprechen nicht den Regeln der Aufwandserfassung für Projekte. So wird, als negatives Beispiel, für die Aufwandsschätzung die Berücksichtigung des Aufwands auch der Mitarbeiter aus den Fachbereichen gefordert, in die Aufwandserfassung melden aber nur Mitarbeiter aus der Entwicklung.

Noch komplizierter kann die Situation bei der Betrachtung der Projektkosten werden. Insbesondere die Berücksichtigung der Kosten für Werkzeuge oder im Projekt eingesetzte Standardsoftware wird von Unternehmen zu Unternehmen und teilweise sogar innerhalb eines Unternehmens von Projekt zu Projekt unterschiedlich gehandhabt.

Die erste und vielleicht sogar wichtigste Hausarbeit, bevor Sie mit Aufwandsschätzungen selbst beginnen, ist deshalb, die Kongruenz von Projektaufwandsdefinitionen und Projektkostendefinitionen in der Prognose und in der Projektdatenerfassung sicherzustellen.

Daraus ergibt sich natürlicherweise die Frage: Welche Projektaufwandsdefinitionen liegen den unten vorgestellten Schätzmodellen zugrunde? Es gibt hierfür keine einheitliche Definition über alle Modelle und selbst für ein einzelnes Schätzmodell ist die Aufwandsdefinition oft schwer nachzuvollziehen. Gibt es Abweichungen der Aussagen der Schätzmodelle von gemessenen Projektwerten, dann

---

30. [Brooks 1975]

sind sie deshalb möglicherweise auf solche Definitionsunterschiede zurückzuführen. Üblicherweise enthalten die Schätzmodelle den Aufwand für folgende Projektaktivitäten:

- Erstellung des Fachkonzepts
- Erstellung des DV-Designs oder DV-Konzepts
- Programmierung
- Erweiterungen und Anpassungen von Standardsoftware
- Systemdokumentation
- Tests einschließlich Abnahmetests
- Qualitätssicherung
- Projektmanagement

Und zwar unabhängig davon, in welchen Unternehmensbereichen, Entwicklung oder Fachbereich oder externer Dienstleister, die jeweiligen Projektmitarbeiter organisatorisch angesiedelt sind. Als zeitliche Begrenzung gilt dabei der Zeitpunkt der Projektbeauftragung bzw. der damit definierte Projektstart zu Beginn und auf der anderen Seite der Zeitpunkt der Ablieferung des lauffähigen, getesteten Systems einschließlich aller zugehörigen Nebenprodukte wie Systemdokumentation, Installationsroutinen usw.

Nicht enthalten im Projektaufwand sind dagegen üblicherweise:

- Erstellung einer Vorstudie
- Abstimmung des Fachkonzepts oder anderer Konzepte auf Seiten des Auftraggebers
- Aufwand für die manuelle Konvertierung oder die Kontrolle automatischer Konvertierung bzw. Migration von Daten aus Vorsystemen
- Installation der Programme auf den Produktionsrechnern
- Betreuung der Programme nach Freigabe

Die Erstellung von Anwenderdokumentation ist in vielen Modellen enthalten, allerdings nur in einem begrenzten Rahmen, z. B. einer Onlinehilfe. Die Erstellung umfangreicherer Handbücher ist in der Regel dagegen nicht enthalten.

Weicht die Projektaufwandsdefinition in Ihrem Unternehmen von diesen Grundregeln ab, so sind entsprechende Zu- und Abschläge zu den Aussagen der Schätzmodelle zu machen. Bei der unten beschriebenen erfahrungsbasierten Prognose taucht dieses Problem jedoch nicht auf, denn hier haben Sie die Definition des Projektaufwands für Prognose und Messung selbst in der Hand.

7.3 Erfahrungsbasierte Prognose

Innerhalb eines einzelnen Unternehmens ist die Streuung der einzelnen Aufwands- und Kostentreiber in der Regel wesentlich geringer als in der Betrachtung

7.3 Erfahrungsbasierte Prognose

des »Universums«. Es wird nur eine geringe Anzahl von Programmiersprachen eingesetzt, die Anzahl der Entwicklungsplattformen ist begrenzt, ein einheitliches Vorgehensmodell kommt zum Einsatz, und selbst die Mitarbeiter verfügen aufgrund von Personalauswahl und Ausbildungsmaßnahmen über ähnliche Skills.

So bleibt als wesentlicher Aufwandsfaktor nur der geforderte Umfang der fachlichen Funktionalität. Doch wie kann die Relation zwischen Projektaufwand und Anforderungen, gemessen in FPs, so dargestellt werden, dass sie nutzbringend für Aufwandsschätzungen eingesetzt werden kann?

Hierzu ist es zunächst wichtig, diese Relation im eigenen Umfeld des Unternehmens empirisch zu ermitteln. Dazu werden Aufwands- und weitere Kennzahlen der Projekte zusammen mit dem nach Abschluss eines Projekts ermittelten FP-Wert in einer Erfahrungsdatenbank gesammelt.

Die Frage, wie viele Projekte man in einer Erfahrungsdatenbank sammeln muss, um sichere Aussagen ableiten zu können, lässt sich nicht allgemein beantworten. Es sind aber fast immer weniger, als zunächst vermutet wird. Nach den Gesetzen der Statistik reichen schon kleine Stichproben für die Formulierung signifikanter Aussagen. Denken Sie etwa an Wahlumfragen, wo maximal einige tausend Personen befragt werden trotz der Anzahl aller Wahlberechtigten in Höhe vieler Millionen. Wichtiger als die Größe ist dabei die »Repräsentativität« der Stichprobe. Erstes Kriterium beim Aufbau einer Erfahrungsdatenbank muss es deshalb sein, mit einer repräsentativen Stichprobe von Projekten zu beginnen. Unsere Erfahrungen zeigen, dass schon kleine Stichproben von etwa zehn Projekten signifikante Ergebnisse liefern können.

Die einfachste Darstellung einer Erfahrungsdatenbank korreliert den gemessenen Projektaufwand mit dem nachträglich bestimmten FP-Wert aus Projektzählungen, wie in Abbildung 7–1 als Beispiel dargestellt.

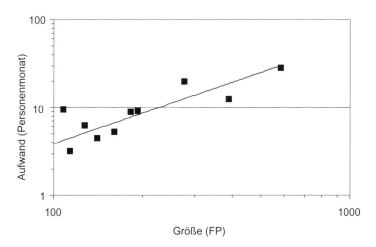

Abb. 7–1 *Beispiel einer Auswertung einer Erfahrungsdatenbank*

Eine Bitte an dieser Stelle: Es handelt sich hier um ein Beispiel mehr oder weniger willkürlich zusammengestellter Daten. Bitte versuchen Sie nicht, Ihre eigenen Projekte damit zu vergleichen oder für sich selbst Aufwandsschätzungen daraus abzuleiten.

Die konkrete Wahl der Darstellung, ob z. B. logarithmische oder lineare Darstellung, ist eine Wissenschaft für sich. Sie erfordert Verständnis für die Zusammenhänge im Prozess Softwareentwicklung und vor allem auch zumindest Grundkenntnisse in statistischen Verfahren.

Im obigen Beispiel deutet die eingezeichnete Gerade oder »Erfahrungskurve« in einer doppelt-logarithmischen Darstellung den folgenden Zusammenhang an:

$$Aufwand\,(PM) = 0,02 \times Größe\,(FP)^{1,2}$$

Nach dieser Formel könnte nun der Aufwand für neue Projekte abgeschätzt werden. Für ein Projekt der Größe 500 FP ergäbe sich also nach der Formel

$$Aufwand\,(PM) = 0,02 \times 500^{1,2} \cong 35\,PM$$

ein voraussichtlicher Aufwand von ca. 35 Personenmonaten. Doch nicht jeder Punkt liegt exakt auf der Schätzgeraden, die tatsächlichen Aufwände streuen um die Trendlinie. Wie hoch ist die Wahrscheinlichkeit, mit einer solchen Prognose »danebenzuliegen«? Um diese Frage beantworten zu können, zunächst einige grundlegende Überlegungen zur Statistik.

Die im obigen Diagramm dargestellte (und tatsächlich mit Microsoft Excel berechnete) Trendlinie entspricht dem Median der Verteilung der Projekte: sechs oder 50 % der zwölf Projekte liegen oberhalb der Linie, die anderen sechs oder 50 % unterhalb. Würden Sie also eine Prognose nach dieser Trendlinie durchführen, so müssten Sie bei jedem zweiten Projekt eine Überschreitung des »Schätzaufwands« erwarten. Es handelt sich also eher um eine »realistische« denn um eine »sichere« Prognose. Den nach der Trendlinie ermittelten Wert nennen wir deshalb auch den »P50-Wert«, weil er eben nur mit einer Wahrscheinlichkeit von 50 % eingehalten wird.

Wenn Sie eine sichere Prognose durchführen wollen, müssen Sie sich fragen, wie groß die Streuung der tatsächlichen Projektaufwände um die Trendlinie ist. Auch dies lässt sich mit Microsoft Excel berechnen: Die maximale Abweichung nach oben beträgt 40 % des Trendlinien-Werts für 90 % aller Projekte. Eine »sichere« Prognose für ein Projekt mit zum Beispiel 500 FPs nach dieser Erfahrungskurve wäre also:

$$Aufwand\,(PM) = 1,4 \times 0,02 \times 500^{1,2} \cong 49\,PM$$

und das ergibt einen Erwartungswert von ca. 49 Personenmonaten. Diese Aufwandsschätzung wird mit 90 %iger Sicherheit eingehalten. Man spricht hier auch von einem Konfidenzintervall von 90 % und nennt diesen Schätzwert den »P90-Wert«. In einem von zehn Fällen würde also immer noch eine Überschreitung des Schätzwerts zu erwarten sein.

Warum dann nicht lieber eine Prognose mit 99 %iger Sicherheit abgeben? Nichts leichter als das, nur zeigt die statistische Auswertung der Daten, dass der Sicherheitszuschlag dann nicht 40 %, sondern 100 % betragen müsste.

Dieser Zusammenhang von Sicherheitszuschlag und Zuverlässigkeit der Prognose ist keine Überraschung – jeder Projektleiter berücksichtigt ihn bei der Abgabe einer »Expertenschätzung«. Was die FP-basierte Prognose hier von der Expertenschätzung unterscheidet, ist, dass der Sicherheitszuschlag aus der Streuung von Erfahrungsdaten abgeleitet wird. Er ist so objektiv bestimmt und vor allem steuerbar, nämlich darüber, welche »Schätzsicherheit« für die Aufwandsschätzung verlangt wird. Dieser Zusammenhang von Sicherheitszuschlag und Schätzsicherheit gilt übrigens auch in den unten vorgestellten Schätzmodellen wie COCOMO, denn auch diese beruhen letztlich auf Erfahrungsdaten und statistischen Vorhersagen.

Der eine oder andere Leser mag einwenden, dass das von uns gewählte Beispiel, auch wenn es aus der Praxis stammt, eine Idealisierung darstelle. Er wird insofern Recht haben, als sich auch zahlreiche Praxisbeispiele finden lassen, in denen die Streuung der Projektaufwände so groß ist, dass sich kaum eine Korrelation mit der Projektgröße in FPs feststellen lässt. Dies ist nach unserer Erfahrung jedoch immer ein Zeichen dafür, dass in der Stichprobe neben der Projektgröße noch weitere Aufwandsfaktoren eine wesentliche Rolle spielen. Kann man diese Aufwandsfaktoren identifizieren, so besteht eine einfache Lösung darin, die Stichprobe nach diesen zu differenzieren. So wird es beispielsweise in den meisten Unternehmen sinnvoll sein, Neuentwicklungs- von Erweiterungsprojekten getrennt zu betrachten.

Man sieht aber schon: Die auf eigenen Erfahrungen basierende Aufwandsschätzung mit FPs stößt an Grenzen, wenn zusätzliche Aufwands- und Kostentreiber wirken und diese bei den Projekten innerhalb des Unternehmens stark variieren.

7.4 COCOMO

Wenn die Verwendung eigener Erfahrungsdaten nicht möglich ist, muss auf ein aus Sicht des Unternehmens externes Schätzmodell zurückgegriffen werden. Das *Constructive Cost Model*, kurz COCOMO, von Barry Boehm vom Center of Software Engineering (CSE) der University of Southern California ist dafür ein Klassiker. Es ist als echtes »*Public-domain*«-Modell allgemein verfügbar und eignet sich für unseren Zweck hervorragend, nämlich die Funktionsweise und die Anwendung von Schätzmodellen grundsätzlich darzustellen. Wer sich für Details des COCOMO-Modells interessiert, sei auf das Buch von Barry Boehm[31] verwiesen.

---

31. [Boehm 2000]

Tatsächlich gibt es vom CSE unter dem Stichwort COCOMO eine Reihe einzelner spezialisierter Modelle. In der Praxis hat fast ausschließlich das als COCOMO II bezeichnete Modell Bedeutung. In diesem wiederum gibt es eine Reihe von »Untermodellen«, wenn man so sagen darf, aber auch hier hat nur eines Praxisrelevanz, nämlich das *post architecture model*. Wir beschränken uns in der folgenden Darstellung, wie auch in unserer praktischen Arbeit, auf COCOMO II mit dem Untermodell *post architecture model* und verwenden dafür kurz die Bezeichnung COCOMO.

Wie funktioniert COCOMO und was kann man damit machen? Das CSE sammelt seit mehr als 25 Jahren in Kooperation mit namhaften Industrieunternehmen und Regierungsbehörden Erfahrungsdaten über Softwareprojekte. Diese Daten bilden die Grundlage für die vom CSE entwickelten Modelle.

Der Zusammenhang zwischen Aufwand und Projektgröße wird dabei empirisch, d.h. aus den Daten abgeleitet, beschrieben. Dabei verwendet das CSE als zugrunde liegende Formel:

$$Aufwand = K * (Größe)^S$$

Erkennen Sie die Formel wieder? Wir hatten die gleiche Struktur schon bei der Auswertung unserer Erfahrungsdatenbank verwendet. Die Aussage des COCOMO-Modells ist, vereinfacht, die folgende: Insgesamt 17 Kostentreiber beeinflussen den Aufwand unmittelbar und sind in der Variablen K enthalten. Darüber hinaus gibt es fünf Skalenfaktoren, die darüber entscheiden, ob der Aufwand mit der Größe des Projekts über- oder unterproportional wächst, und die in der Variablen S enthalten sind. Damit ergibt sich folgende genauere Formel:

$$Aufwand(PM) = A \times \prod_{i=1}^{17} k_i \times \left(0{,}001 \times GF \times FP\right)^{B+0{,}01 \times \sum_{i=1}^{5} s_i}$$

In dieser Formel sind A und B Kalibrierungskonstanten, die uns an dieser Stelle nicht näher zu interessieren brauchen (vgl. dazu auch Abschnitt 7.5.3, Seite 148). Mit FP ist der unjustierte Function-Point-Wert gemeint. GF bezeichnet den so genannten Gearingfaktor (*gearing factor*), der in der Folge noch näher erläutert wird. s_i steht für die fünf Skalenfaktoren, k_i für die 17 Kostenfaktoren.

7.4.1 Ermittlung der Kostenfaktoren

Die Kostenfaktoren werden nach vorgegebenen Maßstäben in einer bis zu sechsstufigen Skala bewertet. So kann der Einfluss der einzelnen Faktoren von *very low* (sehr gering) bis *very high* (sehr hoch) eingestuft werden. Die Kostenfaktoren sind im Einzelnen (in Klammern ist jeweils die Bandbreite der Bewertung angegeben):

- *Required Software Reliability* (RELY) – Zuverlässigkeit: Wie wirkt sich ein eventueller Ausfall des Systems auf das Unternehmen bzw. auf die Prozesse

des Unternehmens aus? (»Leichte Beeinträchtigung« bis »Hohes Risiko für Menschenleben«)
- *Database Size* (DATA) – Mengengerüst: Wie groß ist die Datenbank in Bytes im Verhältnis zum Quellcodeumfang in LoC (technische Größe der Anwendung)? Kennzahl: Bytes/LoC
- *Product Complexity* (CPLX) – Komplexität, setzt sich aus fünf einzelnen Merkmalen zusammen:
    - *Control Operations* – Programmflusskontrolle: Wie ist der Programmablauf gestaltet? (»Geradlinig« bis »Real-time-Verarbeitung«)
    - *Computational Operations* – Arithmetik: Mit welchen Arithmetiken be- bzw. verarbeitet die Anwendung ihre Daten? (»Einfache Gleichungen« bis »Analyse stochastischer Daten«)
    - *Device Dependent Operations* – Hardwaresteuerung: Wie kommuniziert die Anwendung mit der Hardware? (»Einfache Read/Write-Statements« bis »Performance-kritisches Embedded System«)
    - *Data Management Operations* – Datenmanagement: Wie greift der Programmcode auf die Daten zu und wie sind die Daten abgelegt? (»Einfach DB-Abfrage« bis »Relationale Datenstruktur«)
    - *User Interface Management Operations* – Benutzerschnittstelle: Wie ist die Schnittstelle zum Benutzer realisiert? (»Einfache Eingabemasken« bis »Virtual Reality«)
- *Developed for Reusability* (RUSE) – Wiederverwendbarkeit: Werden die (im Projekt) entstehenden Module wiederverwendet? (»Keine« bis »Zwischen Produktlinien«)
- *Documentation Match to Life-Cycle Needs* (DOCU) – Dokumentation: Wie gut sind der Projektverlauf und die Softwareentwicklung dokumentiert, durch bspw. fachliche Anforderungen, technische Anforderungen, Quellcode u.Ä. (»Nicht dokumentiert« bis »Ausführlich dokumentiert«)
- *Execution Time Constraint* (TIME) – CPU-Zeit-Beschränkung: Wie hoch ist der Bedarf der Anwendung an der verfügbaren CPU-Zeit des Rechners? (»Unter 50 %« bis »Über 95 %«)
- *Main Storage Constraint* (STOR) – Hauptspeicheranforderung: Wie hoch ist der Bedarf der Anwendung am verfügbaren Hauptspeicher? (»Unter 50 %« bis »Über 90 %«)
- *Platform Volatility* (PVOL) – Plattformstabilität (dazu gehören z. B. das Betriebssystem und das verwendete Datenbanksystem): Wie oft werden wesentliche Änderungen an der Plattform vorgenommen? (»Wesentliche Änderungen alle 12 Monate« bis »Wesentliche Änderungen alle 2 Wochen«)
- *Analyst Capability* (ACAP) – Analytische Fähigkeiten des Projektteams: Wie bewerten Sie die analytischen Fähigkeiten (nicht die Erfahrung!) des Projektteams im internationalen Vergleich? (»Untere 15 %« bis »Obere 10 %«)

- *Programmer Capability* (PCAP) – Programmierfähigkeiten des Projektteams: Wie bewerten Sie die Programmierfähigkeiten des Projektteams (nicht die Erfahrung!) im internationalen Vergleich? (»Untere 15 %« bis »Obere 10 %«)
- *Personnel Continuity* (PCON) – Fluktuation: Wie hoch ist die Fluktuation im Projektteam (nicht im gesamten Unternehmen)? (»48 % p. a.« bis »3 % p. a.«)
- *Applications Experience* (APEX) – Erfahrung Anwendungsgebiet: Wie hoch ist die fachliche Erfahrung des Projektteams auf dem Anwendungsgebiet? (»Weniger zwei Monate« bis »Mehr als sechs Jahre«)
- *Platform Experience* (PLEX) – Erfahrung Plattform: Wie hoch ist die Erfahrung des Projektteams mit der Entwicklungsplattform? (»Weniger als zwei Monate« bis »Mehr als sechs Jahre«)
- *Language and Tool Experience* (LTEX) – Erfahrung Sprache und Werkzeug: Wie hoch ist die Erfahrung des Projektteams mit der eingesetzten Sprache und den dazugehörigen Werkzeugen? (»Weniger als zwei Monate« bis »Mehr als sechs Jahre«)
- *Use of Software Tools* (TOOL) – Werkzeuge: Wie mächtig sind die eingesetzten Werkzeuge und wie hoch ist ihre Integration in den Entwicklungsprozess? (»Editieren« bis »Proaktive Werkzeuge«)
- *Multisite Development* (SITE) – Räumliche Situation des Projektteams, setzt sich zusammen aus:
  - *Collocation Descriptors* – Standort: Auf wie viele Standorte ist das Projektteam verteilt? (»International« bis »An einem Standort«)
  - *Communications Descriptors* – Kommunikation: Wie läuft die Kommunikation standardmäßig im Projekt ab? (»Brief« bis »Interaktiv-Multimedia«)
- *Required Development Schedule* (SCED) – Zeitliche Beschränkung: Welche Abweichung von der nominalen Dauer (die durch COCOMO prognostiziert wird) wird bei dem Projekt geplant? (»75 % nominale Dauer« bis »160 % nominale Dauer«)

7.4.2 Ermittlung der Skalenfaktoren

Für die Skalenfaktoren gilt das gleiche Vorgehen. Auch sie werden in bis zu sechs Klassen unterteilt. Im Einzelnen sind es:

- *Precedentedness* (PREC) – Vorerfahrung: Wie groß ist die Vorerfahrung der gesamten Organisation bzw. des Unternehmens mit Projekten dieser Art? (»Keine Vorerfahrung« bis »Vollständige Vorerfahrung«)
- *Development Flexibility* (FLEX) – Flexibilität: Wie flexibel ist der Entwicklungsprozess der Organisation bzw. des Unternehmens? (»Rigorose Vorgaben« bis »Nur allgemeine Zielvorgaben«)

- *Risk Resolution* (RESL) – Risikomanagement: Wird Risikomanagement betrieben? Wie vollständig ist die Risikovorsorge für das Projekt? (»Wenig« bis »Vollständig«)
- *Team Cohesion* (TEAM) – Zusammenarbeit im Team: Wie ist die Zusammenarbeit der Mitglieder im Projektteam? (»Sehr schwierige Zusammenarbeit« bis »Reibungslose Zusammenarbeit«)
- *Process Maturity* (PMAT) – Prozessreife: Wie hoch ist die Prozessreife des Unternehmens bzw. der Organisation gemessen am *Capability Maturity Model* (»CMM 1« bis »CMM 5«)

7.4.3 Der Gearingfaktor

Entscheidend für den zu erwartenden Projektaufwand ist im COCOMO-Modell die »technische Größe« des Projekts. Diese wird ausgehend vom geforderten fachlichen Funktionsumfang, gemessen in unjustierten Function Points, bestimmt. Die technische Größe ermittelt sich aus der Formel:

$$\textit{Technische Größe} = 0{,}001 \times \textit{GF} \times \textit{FP}$$

Dabei steht wieder GF für den Gearingfaktor, FP für den unjustierten FP-Wert. Ursprünglich wurde die technische Größe verwendet, um den Umfang des Projekts in Quellcodezeilen anzugeben, daher stammt auch die Bezeichnung »LoC« für *lines of code* als Einheit für die technische Größe[32]. Diese Betrachtung ergibt allerdings nur für die klassischen Programmiersprachen bis zur vierten Generation wirklich Sinn. Dort, wo Programmgeneratoren zum Einsatz kommen, grafische Designwerkzeuge wie Drag-and-drop-GUI-Builder und Ähnliches verwendet werden, erhält diese technische Größe eine eher abstrakte Bedeutung. Sie beschreibt den Umfang der technischen Lösung im Verhältnis zu den fachlichen Anforderungen; damit hängt auch die Bezeichnung »*gearing factor*«, wörtlich »Übersetzung« (etwa beim Fahrrad), zusammen.

Es gibt in der Literatur zahlreiche Tabellen, die Gearingfaktor-Werte für verschiedene Programmiersprachen und -umgebungen enthalten. Sie finden diese z. B. auf den Webseiten der Firmen QSM, Inc.[33] und SPR[34]. Diese Tabellen sind als erster Ausgangswert für Prognosen mit dem COCOMO-Modell hilfreich. Für einige häufige Programmiersprachen sind die üblicherweise im COCOMO verwendeten Gearingfaktor-Werte in Tabelle 7–1[35] aufgeführt:

---

32. Für weitere Erläuterungen zu LoC-Definitionen siehe auch Abschnitt 5.1.7.
33. www.qsm.com
34. www.spr.com
35. Quelle: [Boehm 2000, S. 20.]

Sprache	LoC/FP
Assembler – Basic	320
Assembler – Macro	213
C	128
C++	55
Cobol (ANSI 85)	91
Fortran 77	107
Java	53
PERL	27
PowerBuilder	16
Spreadsheet	6
Visual Basic 5.0	29
Visual C++	34

Tab. 7-1   Tabelle häufiger Gearingfaktoren

Sie sollten allerdings bedenken, dass neben der Programmiersprache selbst auch weitere Faktoren den Gearingfaktor beeinflussen. Dazu gehören z. B.

- Verfügbarkeit von Bibliotheken oder »*components*«
- Softwarearchitektur
- Eignung der Programmiersprache für die Aufgabenstellung
- Programmierstil in einem Unternehmen

In der Praxis, d. h. bei entsprechenden Nachmessungen von Projekten, wird deshalb für die Programmiersprache Java eine Streuung des Gearingfaktors zwischen ca. 15 und 100 beobachtet. Wir empfehlen deshalb, die Gearingfaktor-Werte der veröffentlichten Tabellen nicht unkritisch zu übernehmen. Sie sollten vielmehr versuchen, diese in Ihrer spezifischen Umgebung zu überprüfen und gegebenenfalls zu korrigieren. Das kann für Systeme, die in konventionellen Programmiersprachen entwickelt wurden, einfach dadurch geschehen, dass der Quellcodeumfang mit dem ermittelten FP-Wert in einer Nachbetrachtung verglichen wird.

Im COCOMO-Modell ist der Gearingfaktor eine Input-Variable für die Aufwandsschätzung. Wenn Sie die Effizienz Ihrer Softwareentwicklungsprozesse messen wollen, ist die Bestimmung des Gearingfaktors aus dem Verhältnis von Quellcode zu FP-Wert dagegen eine wertvolle Kenngröße: Sie beschreibt die Effizienz der technischen Umsetzung in einer spezifischen Entwicklungsumgebung.

7.4.4 Schätzgenauigkeit im COCOMO

Sind die Parameter für die Kosten- und Skalenfaktoren bestimmt und hat man den Gearingfaktor ermittelt, berechnet COCOMO nach der oben aufgezeigten Formel die Werte P10 (*optimistic*), P50 (*most likely*) und P90 (*pessimistic*). Wie bei der Erfahrungskurve wird also ein Bereich angezeigt, mit welchem Aufwand mit welcher Wahrscheinlichkeit zu rechnen ist. Der Sicherheitszuschlag vom P50-Wert zum P90-Wert beträgt im COCOMO-Modell ca. 30 %.

COCOMO ist, wie der Name schon sagt, ein Modell. Da alle Parameter, Berechnungsgrundlagen, Formeln etc. öffentlich gemacht sind, besteht die Möglichkeit, COCOMO auf das eigene Unternehmen abzustimmen. Selbstverständlich muss dann überprüft werden, ob der Berechnungsfaktor nicht auch angeglichen werden muss. So kann COCOMO sehr speziell für das jeweilige Unternehmen kalibriert werden und somit die spezifischen Belange berücksichtigen.

Ein Großteil der Parameter lässt sich auch unternehmensweit einstellen. Es ist beispielsweise nicht zu erwarten, dass bei Projekt A die Prozessreife höher (oder niedriger) ist als bei Projekt B und C. Daher kann dieser Faktor fest für das Unternehmen eingestellt werden, so dass ggf. nur noch wenige Parameter projekttypisch festgelegt werden müssen.

Die mit COCOMO gemachten Erfahrungen sind bei vielen Unternehmen sehr gut. Es ist insbesondere dann eine Hilfe, wenn keine anderen Informationen, z. B. aus eigenen Erfahrungswerten, zur Verfügung stehen. Aber: Die korrekte und sichere Einstellung der insgesamt 23 Parameter (17 Kostenfaktoren, 5 Skalenfaktoren und der Gearingfaktor) benötigt entsprechende Beschäftigung mit dem Modell und der Definition der Kostentreiber und Skalenfaktoren und auch gründliche Erfahrung mit seinem Einsatz. Eine auch nur im Ansatz vollständige Beschreibung der zu berücksichtigenden Randbedingungen, Regeln für die Einstellung der Parameter und Interpretation der Ergebnisse würde den Rahmen dieses Buches sprengen. Sie sollten also, wenn Sie zum ersten Mal das COCOMO-Modell für eine Aufwandsschätzung einsetzen wollen, auf jeden Fall die Unterstützung COCOMO-erfahrener Berater suchen.

7.5 Andere Schätzmodelle

Neben dem als Public-domain-Modell verfügbaren COCOMO gibt es von verschiedenen Herstellern in den USA angebotene Schätztools. Seit langen Jahren am Markt etabliert sind

- KnowledgePLAN® der Firma SPR, Massachusetts, USA und
- die Werkzeuge der SLIM™-Reihe von QSM, Inc., Virginia, USA.

Eine entsprechende Internetrecherche liefert noch zahlreiche weitere Anbieter und Produkte. Allen gemeinsam ist letztlich, dass sie auf Erfahrungsdatenbanken beruhen, die unternehmensübergreifend aufgebaut sind. Im Gegensatz zu unternehmensinternen Erfahrungsdatenbanken haben die Anbieter dieser Schätztools noch die Herausforderung zu lösen, den Einfluss der verschiedenen Aufwands- und Kostenfaktoren hinreichend korrekt zu beschreiben.

7.5.1 KnowledgePLAN®

Grundlage des Tools KnowledgePLAN® sind die Arbeiten und das Schätzmodell von Capers Jones. Es ist weitgehend in seinem Buch *Applied Software Measurement*[36] beschrieben. Capers Jones hebt sich einerseits durch die Vielzahl der von ihm betrachteten verschiedenen Aufwands- und Kostentreiber hervor. Andererseits erfordert die Anwendung seines Schätzmodells eine entsprechend ausführliche Beschäftigung mit diesen zahlreichen Parametern. Die Details der Berücksichtigung dieser Parameter innerhalb des Werkzeugs werden von SPR jedoch nicht offen gelegt, so dass eine objektive Wertung des Modells hier schwer möglich ist.

Capers Jones ist aber auch bekannt aufgrund seiner zahlreichen *rules of thumb*, Daumenregeln, die in vielen Fällen sehr rasche und zuverlässige Abschätzungen erlauben. Wer daran interessiert ist, sollte sich auf der Website von SPR umsehen, die aktuellsten *Software Estimating Rules of Thumb* sind dort für den Preis von 25,00 US$ (Stand Juli 2005) als PDF-Datei erhältlich[37].

7.5.2 SLIM-Estimate™

Das Werkzeug SLIM-Estimate™ (*software lifecycle management*) basiert auf den Arbeiten und Modellen von Lawrence H. (»Larry«) Putnam. Putnam ist bekannt geworden durch seine *Software Equation*[38]. Er hat den Zusammenhang zwischen der Zeitdauer und dem benötigten Aufwand zur Lösung einer komplexen Designaufgabe analysiert und mathematisch beschrieben. Die Software Equation bezieht sich nicht nur auf die Entwicklung von Software, sondern auch auf andere Designaufgaben wie etwa die Entwicklung von Mikrochips.

Ausgangspunkt von Putnams Überlegungen ist die Tatsache, dass die Anzahl der an einem Projekt beteiligten Mitarbeiter über die Projektlaufzeit keine Konstante ist, sondern für jede Art von Projekten einen typischen Verlauf hat. So sind typischerweise an einem Softwareprojekt in der Konzeptions- und Designphase weniger Mitarbeiter beteiligt als in der Realisierungsphase. In ähnlicher Weise wird die Mitarbeiterzahl abgebaut, wenn das Projekt in die Test- und Abnahmephasen eintritt. Diese Verläufe werden in *Manpower-build-up*-Diagrammen dar-

---

36. [Jones 1991]
37. www.spr.com/catalog/ (Stand Juli 2005)
38. [Putnam 1991]

7.5 Andere Schätzmodelle

gestellt. Sie werden im Deutschen auch sprechend als »Mitarbeitergebirge« bezeichnet, ein Beispiel ist in Abbildung 7–2 gezeigt.

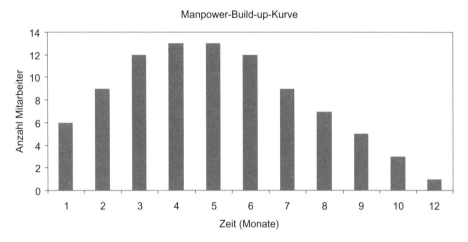

Abb. 7–2 *Beispiel einer Manpower-build-up-Kurve*

Die Manpower-build-up-Kurven lassen sich mathematisch beschreiben. Die Formel dazu heißt *Norden-Rayleigh-Equation*:

$$y = 2\ K \times a \times t \times e^{-a\,t^2}$$

Dabei steht y für die Anzahl der Projektmitarbeiter zu einem bestimmten Zeitpunkt, K für den gesamten Aufwand (also die Fläche unter der Kurve) und t für die Projektlaufzeit. a schließlich ist eine Konstante, die die Zeit bis zur Erreichung der maximalen Projektteamgröße steuert, und e die Euler'sche Zahl.

Larry Putnam hat aus diesem Zusammenhang seine *Software Equation* abgeleitet, die das in einem Softwareprojekt erreichbare Ergebnis, in der folgenden Gleichung als *Größe* bezeichnet, in Abhängigkeit von Aufwand und Zeit beschreibt:

$$\textit{Größe} = C \times E^{1/3} \times T^{4/3}$$

Hier steht C als »Technologiefaktor« für die Effizienz der eingesetzten Verfahren und Technologien, E für den Aufwand und T für die Projektlaufzeit. Eine der herausragenden Eigenschaften dieser Gleichung ist, dass damit der Zusammenhang von Projektlaufzeit und -aufwand mathematisch beschrieben werden kann. Er ergibt sich zu:

$$\textit{Aufwand} \propto \left(\frac{S}{C}\right)^3 \times \frac{1}{T^4}$$

Hier steht *S* für die Größe des Projekts, *C* für den Technologiefaktor und *T* wieder für die Laufzeit des Projekts. Dies bedeutet, dass etwa bei der Verkürzung der Laufzeit eines Projekts von 12 auf 10 Monate der zu erwartende Aufwand zu verdoppeln ist. Diese Gleichung gilt unter der Annahme, dass es eine »Mindestlaufzeit« gibt, unterhalb derer ein Projekt nicht sinnvoll durchzuführen ist.

Für größere Projekte mit einem Aufwand von mehr als 20 Personenmonaten und Durchführung in Mindestlaufzeit vereinfacht sich die obige Formel zu:

$$Aufwand \propto \left(\frac{S}{C}\right)^{9/7}$$

Interessant ist hier zu bemerken, dass der von Putnam angenommene Skalenfaktor mit $9/7 \approx 1{,}3$ nahe dem des COCOMO-Modells liegt. Der Technologiefaktor *C* beschreibt eine Reihe von Aufwands- bzw. Kostentreibern aus folgenden Gebieten:

- Prozessreife und Management-Standards
- Software-Engineering-Standards
- Programmiersprachen
- Entwicklungsumgebung
- Erfahrung und Kenntnisse des Projektteams
- Komplexität der Anwendung

Der Vollständigkeit halber weisen wir an dieser Stelle darauf hin, dass die oben dargestellten Funktionen grobe Vereinfachungen des Putnam'schen Modells unter jeweils besonderen Annahmen sind. Ihre Form wurde, auch in Anlehnung an Putnam selbst, gewählt, um die grundsätzlichen Abhängigkeiten zwischen Produktivität, Laufzeit, Aufwand und Größe von Softwareprojekten darzustellen. Wer mehr über dieses Modell lernen möchte, sei auf das ausführliche Werk von Putnam[39] verwiesen.

7.5.3 Auswahl und Nutzen von Schätztools

So attraktiv die verschiedenen Schätztools, sei es COCOMO, KnowledgePLAN® oder SLIM-Estimate™, auf den ersten Blick erscheinen, muss man sich doch einer Tatsache bewusst bleiben: Alle enthalten einen oder mehrere Parameter, die einer Justierung auf die Situation im eigenen Unternehmen bedürfen.

Bei COCOMO ist dies unter anderem die Kalibrierungskonstante *A*, aber auch der Gearingfaktor. Bei SLIM-Estimate™ ist es der Produktivitätsindex. Ganz ohne eigene Erfahrungsdaten bleibt also auch bei der Verwendung eines Schätzmodells eine mehr oder weniger große Restunsicherheit bestehen. Wollen Sie sichere und nachvollziehbare Aufwandsschätzungen für Ihre Projekte erstel-

---

39. [Putnam 1991]

len, kommen Sie um die Beschäftigung mit den eigenen Projekterfahrungen nicht herum.

Nach unserer Erfahrung sind Aufwandsschätzmodelle dann sinnvoll eingesetzt, wenn Sie sich dieser Tatsache bewusst bleiben, d. h. die Werkzeuge als solche verstehen und nicht als Ersatz für eigene Expertise. Dann können die Schätzmodelle auch einen signifikanten Nutzen entfalten: nämlich die Vorhersagen auf der Grundlage eigener Erfahrungsdaten zu verbessern und die Übertragung auf für das Unternehmen neue Projektsituationen zu ermöglichen.

Für die Auswahl von Schätztools gibt es ein ganz einfaches »K.o.-Kriterium«: Messen Sie Aufwand, Dauer und Größe einer repräsentativen Stichprobe der in Ihrem Hause in jüngerer Zeit abgeschlossenen Projekte und prüfen Sie, wie gut das Schätztool diese vorhergesagt hätte. Liegt die Streuung außerhalb einer sinnvollen Breite[40], ist es für Sie nicht geeignet. Darüber hinaus dürften Handhabbarkeit, Kosten und der Ausbildungsbedarf für die Nutzer des Werkzeugs weitere Auswahlkriterien sein.

7.6 Prognose und Vorgehensmodell

Bei den vorhergehenden Darstellungen wurde immer implizit angenommen, dass in einem Softwareprojekt die fachlichen Anforderungen zunächst klar definiert werden, bevor mit der Realisierung begonnen wird. Diese Überlegungen treffen also streng genommen zunächst für Projekte zu, die nach klassischen wasserfallartigen Vorgehensmodellen durchgeführt werden.

Moderne Vorgehensmodelle wie der *Rational Unified Process* (RUP), »extreme programming« oder »agile Projekte« setzen nicht notwendig die Fixierung und vor allem die Formulierung der fachlichen Anforderungen an ein Projekt vor Beginn der Design- und Entwicklungsaktivitäten voraus. Es liegt auf der Hand, dass eine auf der Messung der fachlichen Anforderungen basierende Aufwandsschätzung hier, so wie oben beschrieben, nicht eingesetzt werden kann.

Nichtsdestotrotz erfordern auch diese Vorgehensmodelle, insbesondere der RUP, Aufwandsschätzungen zu bestimmten Zeitpunkten. Ob dabei die Function-Point-Analyse oder andere Metriken zum Einsatz kommen, das sollte, wie letztlich bei allen Projekten, nach konkreten pragmatischen Kriterien entschieden werden. Einen pauschalen Ausschluss der Anwendbarkeit der Function-Point-Analyse als eine Metrik für Projekte nach dem RUP gibt es jedenfalls nicht[41].

---

40. Hierzu könnte man sich am COCOMO-Modell orientieren, das eine Streuung von ca. 30 % bei einem Konfidenzintervall von 90 % erlaubt.
41. Hier sei nur auf die Tatsache hingewiesen, dass die Rational Software Corporation (heute eine IBM-Division) einer der Sponsoren und Förderer der Entwicklung des COCOMO-Modells ist.

Auch bei agilen Projekten und Projekten nach dem RUP beschreibt die Function-Point-Analyse den schließlich durch das Projekt gelieferten fachlichen Funktionsumfang. So können in Benchmark-Studien auch die Produktivität und andere Kennzahlen der verschiedenen Vorgehensmodelle miteinander verglichen werden.

Die besonderen Anforderungen dieser Projekte weisen jedoch auch auf ein grundsätzliches Problem der Aufwandsschätzung hin, das auch nach klassischen Vorgehensmodellen durchgeführte Projekte kennen: das Time- und Cost-Boxing. Time- oder Cost-Boxing bedeutet, dass der verfügbare Kostenrahmen und die Laufzeit für ein Projekt unabhängig von einer Aufwandsschätzung von vornherein festgelegt sind. Dies kann explizit durch entsprechende Vorgaben geschehen oder implizit durch Begrenzungen der zur Verfügung stehenden Ressourcen. Auch in diesen Situationen ist eine Aufwandsschätzung in der oben beschriebenen Weise wenig sinnvoll.

Dennoch ist es auch für diese Projekte sinnvoll und nützlich, die grundsätzlichen Beziehungen zwischen Aufwand, Laufzeit, Kosten und Größe zu kennen. Die Software Equation ist für diese Projekte nicht außer Kraft gesetzt, sondern lediglich umgestellt. Bei der klassischen Aufwandsschätzung werden aus den fachlichen Anforderungen Aufwand und Laufzeit des Projekts abgeleitet. Bei Cost- oder Time-Boxing sind Aufwand und/oder Laufzeit vorgegeben, aber es bleibt die Frage, welche fachlichen Anforderungen in diesem Rahmen realisierbar sind. Schätzmodelle können dazu verwendet werden, für diese Projekte den zu erwartenden fachlichen Funktionsumfang aus Budget und Laufzeit im Vorfeld abzuschätzen.

7.7 Prognose und Planung

Die Aufwandsschätzung mit Hilfe der FPA und einfachen Schätzmodellen hat den Vorteil, dass sie ohne Kenntnis der Details der Implementierung auskommt. Damit ist sie bereits zu sehr frühen Zeitpunkten im Projektlebenszyklus anwendbar (vgl. Abb. 7–3).

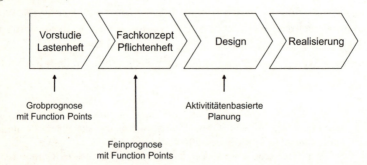

Abb. 7–3 *FP-basierte Prognosen im Projektverlauf*

7.7 Prognose und Planung

Die FP-basierte Aufwandsschätzung ist insofern ein Kompromiss: Mit den wenigen zu einem frühen Projektzeitpunkt zur Verfügung stehenden Informationen eine möglichst zutreffende und nachvollziehbare Vorhersage des Projektaufwands zu ermöglichen. Jede zusätzliche Information, die im Projektverlauf bekannt wird, sollte und muss natürlich für eine Konkretisierung des Schätzwerts herangezogen werden. Spätestens in der Phase Design ergibt sich dabei ein qualitativer Sprung: Die Aufwandsschätzung wird durch die aktivitätenbasierte Projektplanung ersetzt. Und diese muss natürlich sicherer und präziser sein, denn sie kann ja wesentlich mehr Informationen verwerten.

Die FP-basierte Aufwandsschätzung hat ihre Existenzberechtigung zu einem frühen Projektzeitpunkt – je früher, desto besser! Sie sollte auf keinen Fall gegen andere Verfahren »ausgespielt« werden, die zu späteren Projektzeitpunkten zum Einsatz kommen.

Die Tatsache, dass es sich dabei um eine Prognose und nicht um einen sicheren Planwert handelt, muss dabei allen Beteiligten klar sein. Es spricht nichts gegen Prognosen ohne »Sicherheitszuschläge«, also die Verwendung des P50-Werts. Dies ist besonders dann sinnvoll, wenn z. B. die Budgetplanung für ein ganzes Projektportfolio durchgeführt wird. Da etwa die Hälfte der Projekte ihren Schätzwert überschreiten werden, aber die andere Hälfte diesen unterschreiten wird, kann das auf dieser Basis geplante Portfoliobudget als recht gesichert angesehen werden. Die Planung mit P90-Werten wäre hier sogar schädlich, denn sie würde über alle Projekte hinweg zu einer Überallokation von Budgets führen.

Ganz anders ist die Situation, wenn für ein einzelnes Projekt eine sichere Kostenaussage, etwa für ein Projektangebot, gefordert wird. Hier wäre der P50-Wert zu unsicher, der P90-Wert oder ein höheres Konfidenzintervall sinnvoller.

8 Varianten zur FPA

8.1 Funktionale und konstruktive Metriken

Natürlich gibt es eine Reihe von anderen Metriken und Kennzahlen, die in der IT benutzt werden können und auch ihre Berechtigung haben. Sucht man aber eine Kennzahl, die ähnliche Aussagekraft wie die FPs hat und ebenso vielschichtig einsetzbar ist, so sucht man vergebens.

Neben der FPA zählen auch ihre Derivate wie COSMIC-FFP (Full Function Point), Feature Points, NESMA etc. zu den funktionalen Metriken. Daneben gibt es eine Reihe von konstruktiven Metriken. Eine konstruktive Metrik beschreibt, wie ein Produkt konstruiert ist, während eine funktionale Metrik die Funktionen eines Produkts zugrunde legt.

Einen Streit vom Zaun brechen zu wollen, welche der Metrikarten grundsätzlich besser ist, mag vielleicht eine intellektuelle Herausforderung sein, für das Tagesgeschäft bedarf es dieses Disputs nicht. Denn für was und zu welchem Zeitpunkt eine Metrik eingesetzt wird, entscheidet über die Verwendbarkeit, über die Güte und die Aussagekraft.

Funktionale Metriken eignen sich zu einem frühen Zeitpunkt im Entwicklungsprozess besser als Grundlage zur Aufwandsschätzung als konstruktive Metriken. Wenn man zu einem frühen Zeitpunkt zumindest einen Teil der fachlichen Anforderungen kennt, kann man mit der FPA den fachlichen Umfang abschätzen. Mit den gleichen Informationen fällt es jedoch schwer, die Anzahl der LoCs zu bestimmen. Diese konstruktive Metrik erweist sich am Ende des Projekts als sinnvoll, wenn man beispielsweise ein Verhältnis von LoCs und FPs herstellt, um aus der Erfahrung in späteren Projekten aus dem Verhältnis schon früh den Codeumfang bestimmen zu können.

Sind dagegen neben den fachlichen Anforderungen auch schon technische oder architektonische Anforderungen und Bedingungen bekannt, dann kann COSMIC-FFP eine Alternative zur FPA sein und präzisere Daten für die Aufwandsschätzung liefern.

Steht hingegen ein Benchmarking im Vordergrund der FP-Bewertungen, dann eignet sich die FPA besser als ihre Derivate oder andere Bestimmungsmetriken, denn sie misst die Leistung der Geschäftsprozesse ohne weitere Merkmale, wie es andere Metriken und Verfahren tun.

Zwar gibt es noch weitere Derivate der FPA – Feature Point, 3D Function Point, Mark II, Data Point, Object Point –, aber ihr Vorgehen und ihre Aussagekraft weichen nicht wirklich wesentlich von der FPA ab. Vielmehr sind sie Antworten auf verschiedene Fragestellungen, wonach bestimmte Aspekte stärker zu berücksichtigen sind. Ihre Verbreitung ist sehr unterschiedlich. Zum Teil sind sie reine Randerscheinungen, zum Teil nationale Lösungen, zum Teil interessante theoretische Ansätze, die aber in der Breite noch nicht mit Leben gefüllt wurden. Zwei Ansätze, COSMIC-FFP und NESMA, verdienen jedoch Beachtung, und wir stellen sie deshalb im Folgenden näher vor.

8.2 FPA-ähnliche Verfahren

8.2.1 COSMIC Full Function Point

Während bei der FPA die Technologieunabhängigkeit recht hoch geschätzt wird, ermöglicht sie doch den Einsatz in vielen Bereichen, wurde – ob zu Recht oder zu Unrecht sei dahingestellt – der Vorwurf laut, die FPA versage bei der Messung von Echtzeitanwendungen. Auch sei die FPA für Anwendungen in der Prozesskontrolle oder zur funktionalen Bestimmung von Betriebssystemen nicht wirklich geeignet.

Das war der Anlass für das *Common Software Metrics Consortium* (COSMIC) auf Grundlage der FPA die *COSMIC Full Function Points* (COSMIC-FFP) zu entwickeln. 1998 konnte die erste Version unter der Federführung von Alain Abran (Kanada) veröffentlicht werden.[42] In der Zwischenzeit ist sie auch als internationaler Standard (ISO 19761) anerkannt.

Das Vorgehen bei COSMIC-FFP ähnelt weitgehend der Durchführung einer FPA. Es werden ebenso Zweck wie Umfang der Analyse festgelegt, schließlich die FURs (*Functional User Requirements*) während der so genannten »Mapping-Phase« gesammelt und in das vorgegebene Softwaremodell überführt. Die Benutzeranforderungen werden in eindeutige funktionale Prozesse und Datengruppen aufgesplittet, aber im Gegensatz zur FPA werden hier die zur Durchführung von Funktionen notwendigen Datenbewegungen bewertet und gezählt. Die funktionale Größe hängt nicht, wie bei der FPA, von der Anzahl und Komplexität der Elementarprozesse und den Datenbeständen ab, sondern von der Anzahl der notwendigen Datenbewegungen.

---

42. Handbuch zu COSMIC-FFP: www.lrgl.uqam.ca/cosmic-ffp/

Wichtig hierbei ist, dass COSMIC verschiedene Schichten zulässt. Die FPA kennt die Anwendung sozusagen nur als Black-Box und berücksichtigt ja auch nur die Anwendersicht. COSMIC geht weiter und bietet die Möglichkeit, neben der reinen Anwendersicht auch weitere Sichten, beispielsweise die der Entwickler, abzubilden. So können u. U. mehrere Schichten gebildet werden, die voneinander abgegrenzt sind. Die Datenbewegungen sind auch zwischen den Schichten zu zählen.

COSMIC-FFP unterscheidet vier verschiedene Typen von Datenbewegungen:

- Eingabe (*Entry*): Eine Eingabe bewegt Attribute einer Datengruppe von einem Benutzer über die Anwendungsgrenze zu dem funktionalen Prozess, der diese Daten benötigt. Eine Aktualisierung der Daten erfolgt nicht, eine Validierung der Daten ist jedoch enthalten.
- Ausgabe (*Exit*): Eine Ausgabe bewegt Attribute einer Datengruppe aus dem funktionalen Prozess über die Anwendungsgrenze zum Benutzer. Aber Daten werden nicht gelesen, Datenmanipulation in Form von Formatierungen ist jedoch enthalten.
- Lesen (*Read*): Das Lesen bewegt Attribute einer Datengruppe von einem persistenten Speicher in den funktionalen Prozess, der die Daten benötigt.
- Schreiben (*Write*): Das Schreiben bewegt Attribute einer Datengruppe von einem funktionalen Prozess zurück in einen persistenten Speicher.

Da sich eine Datenbewegung immer auf eine Datengruppe bezieht, kann es vorkommen, dass in einem funktionalen Prozess Informationen aus drei unterschiedlichen Gruppen benötigt werden. In diesem Fall wären dann auch dementsprechend drei Datenbewegungen zu zählen.

Aufgrund der verfeinerten Art und Weise ist es mit COSMIC-FFP möglich, die Aufwandsschätzung noch etwas präziser zu machen, da neben den fachlichen Informationen nun auch technische hinzukommen. Das setzt aber voraus, dass diese bekannt sind. Damit fällt aber eine frühe Prognose im Grunde wieder aus, was möglicherweise einen Nachteil darstellt – doch darüber entscheidet letztlich die Zielsetzung des Einsatzes.

Ein Benchmarking ist zwar möglich, es können jedoch nur Projekte, die ebenfalls mit COSMIC-FFP bewertet wurden, verglichen werden, was die uns bekannten Benchmarking-Datenbanken heute noch nicht unterstützen.

8.2.2 NESMA FP für Weiterentwicklungsprojekte

Die niederländische Metrikorganisation *Netherlands Software Metrieken Gebruikers Associatie* (NESMA) hat 2001 einen Standard (ISO 24579) für die Analyse von Weiterentwicklungsprojekten geschaffen, der auf der Basis von FPA 4.1.

entwickelt wurde.[43] Sie selbst stellt das Verfahren unter die Überschrift *Function Point Analysis for Software Enhancement*.

Schwerpunkt ist vor allem die Optimierung der FPA für Erweiterungsprojekte. Dabei wurden die Begriffe »Bestandsübernahme«, »Wartung« und »Weiterentwicklung« genau definiert. Weiterentwicklung ist demnach jede Änderung von Funktionalität (reines Hinzufügen neuer Funktionalität ist aber Neuentwicklung), während bei Wartungsprojekten (die die NESMA in korrektive, perfektive und adaptive Wartung unterteilt) auch noch die Funktionalitäten berücksichtigt werden, die im Rahmen des Wartungsprojekts noch einmal getestet wurden. Bei diesem Verfahren werden die bekannten FPA-Funktionen gezählt, aber mit einem so genannten *impact factor* gewichtet, der nach bestimmten Regeln zu ermitteln ist.

Damit erfährt die FPA eine Präzisierung für Situationen, wie sie bei Erweiterungsprojekten auftreten können. NESMA legt aber Wert darauf, dass ihre FPs mit denen des IFPUG-Standards »gleichgewichtig« sind, da sie nur präziser ermittelt werden. Es handelt sich hier also nicht um eine andere Art der Analyse, sondern um eine »feinere« Messung.

In der Tat werden geänderte Funktionen bei der FPA eher grob ermittelt, da es nur die Möglichkeiten »geändert« oder »nicht geändert« gibt, unabhängig von der Größe der Änderung. Hier differenziert die NESMA deutlich feiner. In bestimmten Situationen kann diese verfeinerte Analyse zu einem Mehrwert führen. Zu fragen ist aber, ob der damit verbundene Mehraufwand den Erkenntnisgewinn rechtfertigt. Die Anwendung des NESMA-Verfahrens stellt in unseren Augen gegebenenfalls einen zweiten Schritt nach der Einführung des IFPUG-Standards in einem Unternehmen dar.

8.3 Unternehmensspezifische Metriken

Neben den oben genannten Metriken gibt es noch einige mehr, die aber nie eine wirkliche Verbreitung gefunden haben. In einzelnen Unternehmen wurden über die Jahre eigene Metriken entwickelt, verbessert und aufgebaut.

Man kann generell nicht sagen, ob das von Vorteil oder Nachteil ist. Zum Teil erzielen die eigenen Metriken erstaunliche Erfolge. Aber diesen Erfolgen steht eine zumindest gleich hohe Anzahl an Misserfolgen gegenüber. Unsere Erfahrung zeigt, dass solche Metriken durchaus gute bis teilweise sehr gute Ergebnisse für die Aufwandsschätzung liefern können. Unsere Erfahrung zeigt aber auch, dass dies oft nur für bestimmte Arten von Projekten bzw. nur für Projekte einer bestimmten Entwicklungsumgebung gilt und noch nicht einmal unternehmensweit anwendbar ist. Es kommt auf den eigenen Anspruch an, ob man

---

43. www.nesma.nl

das als ausreichend akzeptiert oder ob vielmehr ein flächendeckender Einsatz gewünscht ist.

Die Gründe, eigene Metriken zu entwickeln – was eine Arbeit von mehreren Jahre bedeuten kann–, resultieren meist aus sehr spezifischen Entwicklungsumgebungen mit besonderen Eigenheiten, die berücksichtigt werden sollen. Diesem Vorgehen kann argumentativ nur wenig entgegengesetzt werden, geht man von der Voraussetzung aus, dass die Metriken so aufgebaut und eingesetzt werden, dass ein strukturiertes und reproduzierbares Vorgehen möglich ist. Wie oft das wirklich der Fall ist, lässt sich schwer sagen. Als wesentlicher Nachteil ist zu konstatieren, dass selbst entwickelte Metriken einen Vergleich mit anderen Unternehmen unmöglich machen. Damit gehen für das Management wichtige Informationen verloren, die ggf. von entscheidender Bedeutung sein können.

Glossar der englischen Fachbegriffe

Englisch	Abk.	Deutsch	Erläuterung
Adjusted FP Count	aFP	Justierter FP-Wert	FP-Wert unter Berücksichtigung des Wertfaktors
Application		Anwendung	Zählung umfasst alle Funktionalitäten, die dem Benutzer zu diesem Zeitpunkt aktuell zur Verfügung stehen.
Baseline Count		Ausgangswert	FP-Wert einer Anwendung als Ausgangswert für die FP-Analyse von Erweiterungsprojekten
Complex Processing		Komplexe Verarbeitung	Systemmerkmal 9
Counting Scope		Umfang einer Zählung	Bestimmt die Menge der zu zählenden Anwendungen.
Data Communications		Datenkommunikation	Systemmerkmal 1
Data Element Type	DET	Datenelement	
Development Project		Entwicklungsprojekt	Projekt, das die Funktionalitäten eines Systems zum Zeitpunkt der ersten Installation umfasst.
Distributed Data Processing		Verteilte Verarbeitung	Systemmerkmal 2
Elementary Process		Elementarprozess	Man unterscheidet drei Elementarprozesse: Eingabe, Ausgabe und Abfrage.
End-User Efficiency		Anwenderfreundlichkeit	Systemmerkmal 7
Enhancement Project		Erweiterungsprojekt	Projekt baut auf einer bestehenden Anwendung auf. Es berücksichtigt neue, geänderte oder wegfallende Funktionalitäten.

Englisch	Abk.	Deutsch	Erläuterung
Enhancement Project Function Point Count	EFP	FP-Zählung für ein Erweiterungsprojekt	Dieser Zählungstyp misst nur den FP-Wert für hinzugefügte, gelöschte und geänderte Funktionen in einem Erweiterungsprojekt.
External Input	EI	Eingabe	
External Inquiry	EQ	Abfrage	
External Interface File	EIF	Referenzdatenbestand	Datenbestand, der in der betrachteten Anwendung zwar verwendet, nicht aber gepflegt wird. Zugriff erfolgt nur lesend.
External Output	EO	Ausgabe	
Facilitate Change		Änderungsfreundlichkeit	Systemmerkmal 14
File Type Referenced	FTR	Verwendeter Datenbestand	Allgemeine Beschreibung für Datenbestände, die durch eine Funktionalität aktualisiert oder gelesen werden.
General System Characteristics	GSC	Systemmerkmale	Die allgemeinen Eigenschaften eines Softwaresystems, die für die Bestimmung des Wertfaktors benutzt werden. IFPUG 4.2 unterscheidet 14 Merkmale.
Heavily Used Configuration		Ressourcennutzung	Systemmerkmal 4
ILF Maintained		gepflegtes ILF	Durch eine Funktionalität wird ein interner Datenbestand gepflegt.
Installation Ease		Migrations- und Installationshilfen	Systemmerkmal 11
Internal Logical File	ILF	Interner Datenbestand	Datenbestand, der der Anwendung »gehört«, d. h. von ihr gepflegt und aktualisiert wird. Zugriff erfolgt lesend und aktualisierend.
Maintained			siehe ILF Maintained
Maintenance		Wartung	Wird manchmal auch synonym für ein Erweiterungsprojekt verwendet, wenn es die Merkmale einer Wartung erfüllt.
Multiple Sites		Mehrfachinstallationen	Systemmerkmal 13
Online Data Entry		Online-Benutzerschnittstelle	Systemmerkmal 6
Online Update		Onlineverarbeitung	Systemmerkmal 8
Operational Ease		Betriebshilfen	Systemmerkmal 12

Glossar der englischen Fachbegriffe

Englisch	Abk.	Deutsch	Erläuterung
Performance		Leistungs-anforderungen	Systemmerkmal 3
Primary Intent		Primäre Absicht	Definiert den Zweck eines Elementarprozesses.
Processing Logic		Verarbeitungslogik	
Record Element Type	RET	Feldgruppe	
Reusability		Wiederverwend-barkeit	Systemmerkmal 10
System Boundary		Anwendungs-/ Systemgrenze	Bestimmung dessen, was außerhalb der zu zählenden Anwendung liegt.
Total Degree of Influence	TDI	Summe der Systemmerkmale	Gesamtsumme der 14 Systemmerkmale
Transaction Rate		Transaktionsrate	Systemmerkmal 5
Unadjusted FP Count	uFP	Unjustierter FP-Wert	FP-Wert ohne Berücksichtigung des Wertfaktors
User Identifiable		Für den Benutzer erkennbar	
Value Adjustment Factor	VAF	Wertfaktor	Kennzahl, die den Einfluss der Systemmerkmale auf den justierten FP-Wert beschreibt.

Abkürzungsverzeichnis

aFP	adjusted FP value, justierter FP-Wert
CFPS	Certified Function Point Specialist
COCOMO	Constructive Cost Model
COSMIC	Common Software Metrics Consortium
CPM	Counting Practices Manual
DASMA	Deutschsprachige Anwendergruppe für Software-Metrik und Aufwandschätzung e.V.
DET	Data Element Type
DWH	Data-Warehouse-System
EFP	Enhancement Project Function Point Count
EI	External Input, Eingabe
EIF	External Interface File, Referenzdatenbestand
EO	External Output, Ausgabe
EQ	External Inquiry, Abfrage
FFP	Full Function Point
FP	Function Point
FPA	Function-Point-Analyse
FPW	Function Point WORKBENCH™
FTR	File Types Referenced
FUR	Functional User Requirement

GF	Gearing Factor, Gearingfaktor
GSC	General System Characteristics, allgemeine Systemmerkmale
IFPUG	International Function Point User Group
ILF	Internal Logical File, interner Datenbestand
ISO	International Organisation for Standardization
IT	Information Technology
ITIL	IT Infrastructure Library
KPI	Key Performance Indicator
LoC	Lines of Code, Codeumfang
NESMA	Netherlands Software Metrieken Gebruikers Associatie
PM	Person Month
RET	Record Element Type
RUP	Rational Unified Process
SEI	Software Engineering Institute
SLIM	Software Lifecycle Management
SLOC	Source Lines of Code, Quellcodeumfang
TDI	Total Degree of Influence, Einflussfaktor
uFP	unadjusted FP value, unjustierter FP-Wert
UML	Unified Modeling Language
VAF	Value Adjustment Factor, Wertfaktor

Literaturverzeichnis

[Boehm 2000] Boehm, Barry W., Abts, Chris u.a., Software Cost Estimation with COCOMO II, Prentice Hall PTR, New Jersey, 2000.

[Brooks 1975] Brooks, Fred, The Mythical Man-Month: Essays on Software Engineering, Addison-Wesley, Reading, 1975.

[Bundschuh & Fabry 2004] Bundschuh, Manfred und Fabry, Axel, Aufwandsschätzung von IT-Projekten. mitp, Landsberg, 2004.

[Camp 1994] Camp, Robert C., Benchmarking, Carl Hanser Verlag, München, 1994.

[Garmus & Herron 1996] Garmus, David und Herron, David, Measuring the Software Process. Yourdon Press Computing Series, Prentice Hall PTR, New Jersey, 1996.

[Hürten 2004] Hürten, Robert, Function-Point Analysis, Theorie und Praxis, Expert-Verlag, Renningen, 2004.

[IBM 1985] IBM Deutschland GmbH (Hrsg.), Die Function-Point-Methode: Eine Schätzmethode für IS-Anwendungsprojekte, IBM-Form GE12-1618-1, 1985.

[IFPUG 2004] IFPUG (International Function Point Users Group), Function Point Counting Practices Manual,. Release 4.2, Princeton Junction 2004.

[ISO 2003] ISO (Hrsg.), IEC 20926: Software engineering – IFPUG 4.1 Unadjusted functional size measurement method – Counting practices manual, 2003.

[Jones 1991] Jones, Capers, Applied Software Measurement – Assuring Productivity and Quality, McGrawHill, New York, 1991.

[Kütz 2003] Kütz, Martin (Hrsg.), Kennzahlen in der IT. Werkzeuge für Controlling und Management. dpunkt.verlag, Heidelberg, 2003.

[Office of Government Commerce 2002] Office of Government Commerce *(Hrsg.)*, ITIL (IT Infrastructure Library). Application Management, Norwich, 2002.

[Park 1996] Park, Robert E., Software Size Measurement: A Framework for Counting Source Statements, Software Engineering Institute, Carnegie Mellon University, Pittsburgh, 1996.

[Puhani 2001] Puhani, Josef, Statistik. Einführung mit praktischen Beispielen. Lexika Verlag, Würzburg, 2001.

[Putnam 1991] Putnam, Lawrence H., Measures for Excellence: Reliable Software on Time, Within Budget. Prentice Hall, New Jersey, 1991.

[Putnam & Myers 1996] Putnam, Lawrence H. und Myers, Ware, Executive Briefing. Controlling Software Development. IEEE Computer Society Press, Los Alamitos, 1996.

[Stickel et al. 1997] Stickel, Eberhard u.a., Gabler Wirtschaftsinformatik-Lexikon, Wiesbaden, 1997.

[Wöhe 1990] Wöhe, Günter, Einführung in die allgemeine Betriebswirtschaftslehre, Verlag Franz Vahlen, München, 1990.

Index

A

Abfragen *siehe* external inquiry
adjusted function point 56, 57
aFP *siehe* adjusted function point
agile Projekte 133, 149
Albrecht, Allan J. 8
Änderungsfreundlichkeit 68
Anforderungsanalyse 15, 16, 31, 126
Anwendersicht 5, 10, 31, 35, 38, 50, 98, 101, 115
Anwendungsgrenze *siehe* application boundary
application 29
application boundary 27, 33, 36, 75
application count 14
Atomaritätsprinzip 11, 12, 38, 40, 110
Aufwandsschätzung 133
Ausgabe *siehe* external output

B

Backfiring 108
Baseline 14, 29
Basis- oder Projektanalyse 68
Beispiel
 – Outlook-Adressbuch 75
Benchmarking 2, 6, 7, 17, 21, 154, 155
Best Practices 7
Bewertung von IT-Projekten 14
Bewertung von IT-Systemen 13
Boehm, Barry 139
Brooks, Fred 134
Budgetplanung 20, 151

C

Camp, Robert C. 7
Center of Software Engineering 139
Certified Function Point Specialist 118
COCOMO 57, 134, 143, 145, 148
Controlling 1, 5, 6, 18, 113
COSMIC 153, 154, 155
COSMIC-FFP 155
Counting Practices Manual 3, 23, 118
CPM *siehe* Counting Practices Manual

D

DASMA 23
Data-Warehouse-Systeme 112
Datenbestände 11, 40
Deutschsprachige Anwendergruppe für Software-Metrik und Aufwandschätzung *siehe* DASMA
development project 15, 25, 29
Dokumentation 127
Due-Diligence 7

E

EI *siehe* external input
EIF *siehe* external interface file
Eingabe *siehe* external input
Einmaligkeitsprinzip 11
Elementarprozess 5, 10, 11, 27, 38, 40, 43, 50, 51, 68, 70, 72, 77, 80, 88, 97, 103, 107, 112, 122, 126, 131, 154
elementary process *siehe* Elementarprozess

enhancement project 15, 25, 29, 134
EO *siehe* external output
EQ *siehe* external inquiry
erfahrungsbasierte Prognose 136
Erfahrungsdatenbank 137, 145
external input (EI) 27, 44
external inquiry (EQ) 27, 48
external interface file (EIF) 27, 41, 42
external output (EO) 27
extreme programming 149

F

Function Point 12
Function Point WORKBENCH™ 126, 129
Function-Point-Analyse
– Anwendungsgebiete 6
– Datenbestände 11, 40
– Einführung 5
– Elementarprozess 11, 43
– Projektzyklus 15
– Regelwerk 23
– Varianten 153
Function-Point-Prognose 101, 149
– Vorgehensmodelle 149
Function-Point-Zählung
– Vorgehen 121
– Vorgehensalternativen 121
Funktionaler Baum 12

G

Gearingfaktor 108, 140, 143, 148
general system characteristics 56
Geschäftsprozess 2, 5, 10, 11, 13, 32, 35, 38, 115, 154
Geschäftsprozessanalyse 10, 32

H

Hierarchiebaum 131
Hochrechnungen 107
Hype-Kurve 8

I

IBM 8
IBM-Kurve 8, 56
IFPUG 3, 23, 24, 118, 119
– Zertifizierung 118
ILF *siehe* internal logical file
Infrastruktursysteme 117
internal logical file (ILF) 27, 41
interner Datenbestand 27
Interviewtechnik 3, 122
Intranet-/Internetanwendungen 114
ISO 19761 154
ISO 20926 1, 23, 24
ISO 24579 155
ITIL *siehe* IT Infrastructure Library
IT Infrastructure Library 18
IT-Projekt
– Bewertung 14
IT-System
– Bewertung 13

J

Java 108, 144
Jones, Capers 134, 146

K

key performance indicator 19, 21
KnowledgePLAN® 58, 145, 148
Komplexitätsbewertung 103
Komplexitätsregeln 50
Kosten- und Aufwandstreiber 134
KPI *siehe* key performance indicator

M

Median 19, 138
Messung von Kosten und Aufwand 135
Metriken
– funktionale 153
– konstruktive 153
– unternehmensspezifische 156
Mitarbeitergebirge 147
Mythical Man-Month 135

N

Näherungsverfahren 101
NESMA 153, 154, 155
Norden-Rayleigh-Equation 147

P

primary intent 28, 43, 44, 46, 49, 82, 84
Produktivität 19, 20, 148, 150
Projektaufwand 17, 56, 102, 133, 135, 136, 137, 143, 151
Prozesseffizienz 20
purpose of the count 29, 33
Putnam, Lawrence H. 146, 147, 148

Q

QSM, Inc. 143, 145
QuantiMetrics 19, 20, 119

R

Rational Unified Process 149
Referenzdatenbestand
    siehe external interface file
Releaseanalyse 69
RUP siehe Rational Unified Process

S

Schätzmodelle 145
    – COCOMO 139
Schätztools 148
    – KnowledgePLAN® 58, 145, 148
    – SLIM-Estimate™ 146, 148
SPR 143, 146
Staffing-Index 19, 20
Standardsoftware 115
Stückkosten 19, 21

Systemmerkmale
    – Änderungsfreundlichkeit 68
    – Anwenderfreundlichkeit 63
    – Betriebshilfen 67
    – Datenkommunikation 58
    – Komplexe Verarbeitung 65
    – Leistungsanforderungen 60
    – Mehrfachinstallationen 67
    – Migrations- und Installationshilfen 66
    – Online-Benutzerschnittstelle 62
    – Onlineverarbeitung 64
    – Ressourcennutzung 61
    – Transaktionsrate 62
    – Verteilte Verarbeitung 59
    – Wiederverwendbarkeit 66
Systemschnittstelle 70, 87, 109, 110, 111

T

Technische Systeme 117

U

uFP *siehe* unadjusted function point
UML 16, 32, 76
unadjusted function point 56
Unified Modeling Language *siehe* UML
user view *siehe* Anwendersicht

V

value adjustment factor 56

W

Wertfaktor 56, 57, 71, 72, 103

Z

Zählpraxis
    – Standardsituationen 109
    – Tipps 101

Martin Kütz (Hrsg.)

Kennzahlen in der IT

Werkzeuge für Controlling und Management

2003, 312 Seiten, gebunden
€ 42,00 (D)
ISBN 3-89864-225-9

Sämtliche modernen Management- und Steuerungsansätze fußen auf Kennzahlen und Kennzahlensystemen, auch das IT-Controlling. Dieses Buch hat den Anspruch, ein zeitgemäßes Kennzahlensystem für den IT-Bereich zu entwerfen. Vor dem Hintergrund der Balanced Scorecard, der derzeit populärsten Methode für die strategische Steuerung von Organisationen, werden die Ansätze in verschiedenen Teilbereichen sowie unterschiedliche Kennzahlensysteme kritisch gewürdigt, systematisiert und zusammengefasst. Dabei geht es weniger um die Lenkung technischer IT-Systeme, sondern um die Steuerung von IT-Dienstleistungen. Betriebswirtschaftliche, kosten- und leistungsbezogene Aspekte dominieren. Vor allem Fragestellungen des Benchmarkings spielen eine wichtige Rolle.

»Kütz und seinem Autorenteam gelingt es nicht nur, den Leser über die zahlreichen Facetten dieses für ITler ungewohnten Themas aufzuklären, sie halten ihn auch über Controller-Regelkreise und Prognoseverfahren hinweg bei Laune. Diese beiden Kapitel kann man sich dann bei Bedarf zu Gemüte führen, das Werk insgesamt ist bestens zum Nachschlagen geeignet.« (c't 25/03)

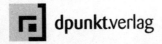

Ringstraße 19 • 69115 Heidelberg
fon 0 62 21/14 83 40
fax 0 62 21/14 83 99
e-mail hallo@dpunkt.de
http://www.dpunkt.de

Martin Kütz

IT-Controlling für die Praxis

Konzeption und Methoden

Kosten und Komplexität in der IT nehmen zu – ebenso die Anforderungen der IT-Anwender. Ein eigenständiges Fachcontrolling für IT wird daher immer wichtiger. Das Buch entwickelt eine zeitgemäße Controlling-Konzeption für die IT. Es unterscheidet die Sichten des Fachbereichs-, IT- und Informationsmanagements sowie Prozesse, Instanzen und Objekte des IT-Controllings und gibt Hinweise für die praktische Umsetzung. Außerdem werden Methoden der Kosten-, Leistungs- und Wirtschaftlichkeitsrechnung sowie Verfahren der Bewertung, Priorisierung und Entscheidungsunterstützung in kompakter Form und mit Anwendungsmöglichkeiten dargestellt.

2005, 304 Seiten, gebunden
€ 42,00 (D)
ISBN 3-89864-265-8

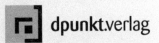

Ringstraße 19 • 69115 Heidelberg
fon 0 62 21/14 83 40
fax 0 62 21/14 83 99
e-mail hallo@dpunkt.de
http://www.dpunkt.de

Christoph Zahrnt

Richtiges Vorgehen bei Verträgen über IT-Leistungen

Ein Ratgeber für Auftragnehmer und Auftraggeber

2., überarbeitete und erweiterte Auflage

Probleme oder gar Krisen bei der Ausarbeitung und Umsetzung von komplexen IT-Verträgen entstehen häufiger durch Fehler beim Management der Projekte als durch Fehler im rechtlichen Bereich. Und der Erfolg eines Projekts hängt weniger von den Vertragsbedingungen als vom sachgerechten Vorgehen auf der geschäftlichen Ebene ab. Der Autor – selbst erfahrener Jurist – konzentriert sich daher genau auf diesen Bereich. Auf der Basis seiner umfassenden Erfahrung mit IT-Verträgen gibt er erschöpfend und praxisnah Empfehlungen und Tipps, wie Probleme zu vermeiden sind. Ergänzend stellt er dar, was dabei auf rechtlicher Ebene zu beachten ist.

In der 2. Auflage wurde das Thema »Formulieren von vertragsbezogenen Texten« neu aufgenommen. Das Buch wird durch Texte auf der Webseite www.zahrnt.de ergänzt.

2., überarbeitete und erweiterte Auflage
2005, 256 Seiten, Festeinband
€ 42,00 (D)
ISBN 3-89864-315-8

»Ein gutes Grundlagenbuch für CIOs und deren Partner, das hilft, Konflikte von Anbeginn an zu vermeiden.«
(CIO 04/2005)

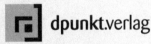

Ringstraße 19 • 69115 Heidelberg
fon 0 62 21/14 83 40
fax 0 62 21/14 83 99
e-mail hallo@dpunkt.de
http://www.dpunkt.de

Christoph Ebert

Systematisches Requirements Management

Anforderungen ermitteln, spezifizieren, analysieren und verfolgen

2005, 330 Seiten, Broschur
€ 36,00 (D)
ISBN 3-89864-336-0

Projekte scheitern häufig wegen unzureichendem Requirements Management. Meist waren schon zu Beginn die Anforderungen nicht ausreichend geklärt und damit konnte auf deren Änderungen auch nicht richtig reagiert werden. Das Buch bietet einen Überblick über Theorie und Praxis des Requirements Management. Es beschreibt, wie Anforderungen entwickelt, gesammelt, dokumentiert und im Projekt verfolgt werden. Die grundsätzlichen Methoden, Verfahren, Werkzeuge und Notationen des Requirements Management werden übersichtlich behandelt. Sie werden durch konkrete Beispiele aus der Projektarbeit illustriert.

Als Beispiel einer modernen Methode der Anforderungsbeschreibung werden Use-Case-Szenarien in der UML-Notation verwendet. Praktische Fallstudien unterstützen die konkrete Umsetzung.

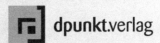

Ringstraße 19 · 69115 Heidelberg
fon 0 62 21/14 83 40
fax 0 62 21/14 83 99
e-mail hallo@dpunkt.de
http://www.dpunkt.de

Harry M. Sneed · Martin Hasitschka
Maria-Therese Teichmann

Software-Produkt-management

Wartung und Weiterentwicklung bestehender Anwendungssysteme

2005, 461 Seiten, Broschur
€ 46,00 (D)
ISBN 3-89864-274-7

Über 75% der Softwarespezialisten sind heute mit Wartung und Weiterentwicklung bestehender Softwaresysteme beschäftigt. In diesem Buch werden anhand zahlreicher Fallstudien Planung, Organisation und Steuerung der Wartungs- und Weiterentwicklungsaktivitäten innerhalb eines Software-Produktlebenszyklus beschrieben und die erforderliche Infrastruktur dargestellt. Erklärt werden zudem eingesetzte Verfahren, Techniken und Tools sowie die Organisation von Aufbau und Ablauf eines Wartungsbetriebs. Der Schwerpunkt liegt dabei auf der täglichen Praxis der Softwareentwicklung. Aber auch die Theorie wird nicht außer Acht gelassen, wodurch sich das Buch ebenso für den Einsatz in Lehrveranstaltungen eignet.

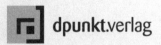

Ringstraße 19 · 69115 Heidelberg
fon 0 62 21/14 83 40
fax 0 62 21/14 83 99
e-mail hallo@dpunkt.de
http://www.dpunkt.de

2005, 412 Seiten, Festeinband
€ 47,00 (D)
ISBN 3-89864-309-3

Peter Neckel · Bernd Knobloch

Customer Relationship Analytics

Praktische Anwendung des Data Mining im CRM

Gezieltes Schaffen und Erhöhen des Kundenwertes durch Management der Kundenbeziehungen ist das Hauptanliegen des Customer Relationship Managements. Hierfür ist umfangreiches Wissen über die Kunden erforderlich, das vor allem aus den unternehmensintern verfügbaren Transaktionsdatenbeständen extrahiert werden kann. Customer Relationship Analytics bezeichnet den Komplex aller Datenanalyseaufgaben zur Unterstützung der Kundenbeziehungspflege. Das Buch vermittelt fundierte Kenntnisse, wie das benötigte Kundenwissen systematisch mithilfe von Data-Mining-Analysen gewonnen werden kann. Ein umfassender Beschreibungsrahmen bietet dem Leser Orientierung beim Vorgehen in der Praxis – von der Zielsetzung über konkrete Analyseszenarien und deren Kombination bis zur Anwendung der Ergebnisse. Der Schwerpunkt liegt auf der Beschreibung typischer Anwendungsfälle aus den Bereichen Handel und Finanzdienstleistungen. Die Präsentation einer »Road Map« und Hinweise auf potenzielle Fehlerquellen versetzen den Leser in die Lage, eigene Analysen zu konzipieren und durchzuführen. Die Trennung von Theorie- und Praxisteil hilft beim gezielten Einstieg.

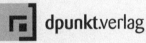

Ringstraße 19 · 69115 Heidelberg
fon 0 62 21/14 83 40
fax 0 62 21/14 83 99
e-mail hallo@dpunkt.de
http://www.dpunkt.de